La Alimentación Infantil Natural

Guía completa de nutrición infantil.
Recetas desde la lactancia a la edad escolar

Paloma Zamora (coordinación)
Mari Carmen Gracia, Consuelo Mengual
Marisol Cano Valverde y M.ª Eugenia Molina

2.ª edición, revisada

integral

ALIMENTACIÓN INFANTIL NATURAL
Monográfico n.º 17 de la revista Integral. P.º Maragall, 371. 08032 Barcelona

Redacción: Mari Carmen Gracia (psicóloga y profesora de preparación al parto), Consuelo Mengual (profesora de preparación al parto), Marisol Cano Valverde (médica), M.ª Eugenia Molina Niñirola (médica), Paloma Zamora (coordinación; profesora de preparación al parto), pertenecientes a los departamentos de Salud y Preparación al Parto Natural Consciente de la Gran Fraternidad Universal L.S. de Murcia.
Revisión médica: Carme Fradera. Correcciones: Jordi Pigem.

Fotografías: Lluís Carbonell, Carlos Moisés García, Tomás, Polo Pérez, Jaume Mas, Jordi Bonet, Manel Armengol, Image Bank.
Selección de imágenes: Tomás Mata.
Diseño gráfico colección: Franc Vall Soler.
Compaginación: Montse Vilarnau.
Fotocomposición: Amparo Campos y Josan.
Producción: Jaume Roselló.
Fotomecánica: Jarf, Tecfa. Impresión: Cayfosa (S.P. Mogoda).

ISBN: 84-85351-77-0. Dep. Legal: B-11.581-88

PRESENTACIÓN

¿Nos hemos detenido alguna vez a pensar cómo influimos en los hábitos alimenticios de los niños? La forma de comer de un adulto (lo que come y cómo lo hace) supone un modelo que el niño muy probablemente va a imitar. Consciente e inconscientemente contribuimos a formar el carácter de un niño, en el que los hábitos alimenticios serán una parte importante.

En la alimentación infantil hay tres errores que los padres inculcan con frecuencia a los hijos: *comer deprisa*, *comer más de lo necesario* y *convertir la carne en el centro de cualquier comida*.

Padres y maestros suelen esforzarse para aumentar la velocidad en las comidas del niño: «Come más deprisa», «No te duermas», son comentarios que oímos miles de veces. La prisa de los mayores se descarga sobre los niños, y así ellos, cuyo instinto les guía a masticar despacio y ensalivar bien los alimentos, acaban también aprendiendo a tragar rápidamente lo que tienen en la boca sin apenas ensalivarlo.

Otro error, la sobrealimentación, se manifiesta en esa tendencia por «llenar» a los niños de comida aunque su instinto les señale que no van a asimilar tanto alimento y ellos lo manifiesten de diversas maneras no queriendo comer más.

Por último, suele considerarse que la carne es el alimento que permitirá a los niños crecer fuertes y sanos. La carne aporta a los niños proteínas, indispensables para su crecimiento, pero su calidad y cantidad no supera a la de los huevos y los productos lácteos, y va seguida de cerca por la que presentan las legumbres, especialmente la soja. La carne, en contrapartida, posee más inconvenientes que estos otros alimentos: se digiere peor, acumula más productos tóxicos y supone un coste ecológico mucho mayor para el planeta.

Los padres de hoy son distintos de los de antes. No se basan tanto en la tradición, como aquéllos, a la hora de alimentar a los niños, y tienen acceso a mucha más información sobre dietética y nutrición infantil. Pero esta moneda presenta otra cara: la publicidad y los medios de comunicación inculcan a diario hábitos nuevos, entre los que es difícil discernir lo saludable y lo nocivo. Alimentar equilibradamente a los niños resulta pues más fácil ahora que antes, siempre y cuando se acierte a separar el grano de la paja entre lo mucho que proponen el mercado y los medios de comunicación.

Ese es precisamente el propósito que anima a esta obra: resumir y hacer accesibles los conocimientos actuales de nutrición, presentando a los padres una guía eficaz sobre alimentación infantil. Sus cinco autoras explican en ella desde los principios elementales de dietética y bioquímica a menús completos y recetas para cada edad. La alimentación en caso de trastornos corporales, los diversos tipos de lactancia, la forma de administrarle al niño los nuevos alimentos, los suplementos nutritivos más adecuados para su desarrollo, entre otros temas, se exponen en profundidad y de forma didáctica.

Estamos seguros de que este monográfico de Integral contribuirá a llenar uno de los huecos con que hasta ahora contaba la bibliografía sobre nutrición infantil en lengua castellana.

CONTENIDO

ALIMENTACIÓN Y SALUD

LA LACTANCIA NATURAL

LA LACTANCIA ARTIFICIAL

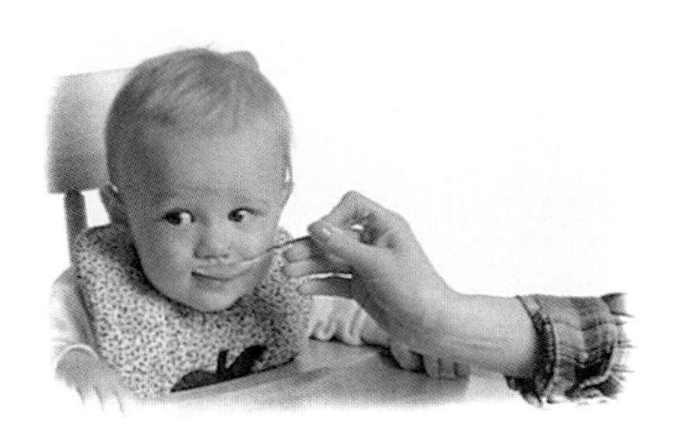

ALIMENTACIÓN DURANTE EL CRECIMIENTO

LA OTRA ALIMENTACIÓN

MENÚS COMPLETOS

RECETAS

ALIMENTACIÓN Y SALUD

NATURALEZA DE LOS ALIMENTOS

La búsqueda de placer a través de las experiencias alimenticias no siempre conduce a una nutrición óptima para la buena salud. Pero, afortunadamente, no resulta difícil seleccionar una dieta saludable. Los principios básicos se conocen bien y están al alcance de todos los que desean aprender cómo conviene alimentarse para gozar de buena salud.

Una dieta equilibrada, seguida sistemáticamente, ayuda a conservar la salud. En ella se incluirán, además de agua en cantidad suficiente, la cantidad adecuada de proteínas, carbohidratos, grasas, minerales y vitaminas.

Veamos inicialmente qué son los alimentos, de qué están compuestos y para qué sirven.

Nuestro organismo está formado por moléculas de tamaños muy diversos denominados «principios inmediatos», los cuales son el resultado de las combinaciones de unos elementos simples, denominados ***elementos biogenéticos***.

Dentro de ellos, hay cuatro que están siempre presentes en la materia viva: el *carbono, hidrógeno, oxígeno* y *nitrógeno*. Hay otros que aunque se encuentran en menor cantidad tienen funciones importantes, son los denominados ***macrominerales***: sodio, potasio, calcio, magnesio, cloro, fósforo y azufre. Por último, existen otros elementos que se encuentran en pequeñísimas cantidades: son los ***oligoelementos*** como el cobalto, hierro, yodo, cobre, manganeso, flúor, cinc, molibdeno y selenio, que también son esenciales para la vida.

Los principios inmediatos que forman parte de los seres vivos pueden clasificarse en orgánicos e inorgánicos.

Las moléculas inorgánicas tienen una estructura química sencilla, en cambio las moléculas orgánicas presentan una estructura química más compleja formada básicamente por enlaces de carbono e hidrógeno.

Su estudio se simplifica dado que la mayoría de las moléculas pertenece a unos grupos con las mismas funciones y semejantes propiedades. Estos grupos, en los que profundizaremos, son: hidratos de carbono o carbohidratos, proteínas y grasas.

Principios inmediatos		Biocatalizadores
Orgánicos	Inorgánicos	Vitaminas Hormonas Enzimas
Hidratos de carbono Proteínas Grasas	Agua Sales minerales	

PRINCIPIOS ORGÁNICOS INMEDIATOS

Carbohidratos, hidratos de carbono o glúcidos

Sus unidades básicas están formadas por *carbono, oxígeno* e *hidrógeno*. Tienen un papel fundamental como fuente de energía. El organismo extrae de ellos la energía necesaria para sus múltiples reacciones, pues son una de las formas principales de almacenamiento de energía química. Además, favorecen el metabolismo de las grasas y forma parte de la estructura de las células y tejidos.

CLASIFICACIÓN DE LOS HIDRATOS DE CARBONO

Los glúcidos de estructura sencilla se conocen como azúcares, debido a su sabor dulce; los más complejos no suelen ser dulces, pero se desdoblan en azúcares cuando se digieren.

Según la cantidad de unidades aisladas (monosacáridos o azúcares sencillos) los carbohidratos se pueden clasificar en monosacáridos, disacáridos y polisacáridos.

— ***Monosacáridos***: son la *fructosa* (azúcar de fruta), la *glucosa* y la *galactosa*.

— ***Disacáridos***: se producen por la unión de dos monosacáridos. Son la *sacarosa*, formada por la combinación de glucosa y fructosa y que constituye el azúcar de caña y de la remolacha; la *maltosa*, azúcar de la malta, fruto de la unión de dos moléculas de glucosa; y la *lactosa*, o azúcar de la leche, en el que se combinan glucosa y galactosa.

— ***Polisacáridos***: se deben a la unión de varios monosacáridos. Las *féculas*, los *almidones* y la *celulosa* constituyen ejemplos de polisacáridos.

SU ASIMILACIÓN

En el aparato digestivo los carbohidratos son atacados por una serie de fermentos y acaban convirtiéndose en glucosa, que pasa a la sangre y circula por ésta hasta que, gracias a la acción de una hormona (la insulina), pasan a los tejidos para su utilización.

Hay una excepción: la celulosa, que aunque no se digiere tiene una función importante, ya que estimula el movimiento peristáltico del intestino provocando la normal evacuación de las heces.

Los carbohidratos que no son utilizados se almacenan en forma de glucógeno en el hígado y los músculos principalmente. Cuando se hace ejercicio físico el organismo utiliza sus reservas de glucógeno y las descompone en glucosa, siendo ésta oxidada o quemada liberándose energía.

ALIMENTOS RICOS EN HIDRATOS DE CARBONO

— Frutas dulces (plátano, melocotón, paraguaya).
— Dulces (todo tipo de pasteles).
— Harinas y cereales (arroz, maíz, trigo, avena, centeno, etc.).
— Leguminosas (garbanzos, lentejas, habas, guisantes, etc.).
— Frutos secos (higos, ciruelas, dátiles, uvas, etc.).
— Tubérculos (patatas y boniatos, etc.).

NECESIDADES DE HIDRATOS DE CARBONO

— Un adulto necesita de 7 a 8 g. por kilo de peso y día.
— Un niño necesita de 4 a 5 g. por kilo de peso y día.
— Cada gramo de carbohidratos produce 4,1 kilocalorías.

CONSEJOS

La mayoría de los alimentos contienen hidratos de carbono por ello no supone ningún problema encontrar sus fuentes de administración. Más bien debemos de procurar no administrar alimentos excesivamente hidrocarbonados.

Las dietas tempranas a base de leche y cereales engordan en exceso a los niños, impidiéndoles un correcto desarrollo y provocándoles trastornso importantes.

Lípidos o grasas

Están formados principalmente por carbono, oxígeno e hidrógeno.

La mayor parte de las grasas y aceites son *triglicéridos*, llamados así porque en ellos hay tres ácidos grasos combinados con cada glicerol. Un porcentaje muy pequeño de las grasas lo constituyen compuestos grasos diferentes de los triglicéridos, tales como los *esteroles* de los aceites vegetales y el *colesterol* de las grasas animales; y otro pequeño porcentaje de las grasas contienen fósforo, son los denominados *fosfolípidos* (entre los cuales se encuentran las lecitinas).

Los triglicéridos son las grasas que se almacenan en el tejido adiposo del cuerpo. Los esteroles y el colesterol constituyen las membranas celulares y forman parte de las hormonas esteroides. Los fosfolípidos también constituyen las membranas celulares.

Las grasas, además de formar parte de la estructura de las membranas celulares, tienen como principal función proporcionar material energético o calor al organismo. Se almacenan como combustible de reserva en las células del tipo adiposo, protegen de las pérdidas excesivas de calor por su alto poder aislante y almohadillan órganos como el riñón y el corazón. Intervienen, además, en el mantenimiento de la temperatura corporal.

Otra función de las grasas es facilitar la absorción de las vitaminas liposolubles (solo solubles en grasa) que son la A, D, K y E.

CLASIFICACIÓN DE LOS ÁCIDOS GRASOS

— ***Saturados***: se encuentran especialmente en las grasas animales como carnes, manteca, nata y mantequilla.

— ***Insaturados o polinsaturados***: se encuentran en las grasas vegetales, es decir, aceites crudos de oliva, girasol, pepita de uva, soja y semillas en general.

PROPIEDADES Y CONSEJOS PARA SU UTILIZACIÓN

Se recomienda que las grasas animales sean sustituidas por aceites vegetales insaturados.

La mayor parte del *colesterol* de la dieta está contenido en la yema de los huevos y en la grasa animal. La reducción en la ingestión del colesterol produce un descenso del colesterol en sangre. Para ello conviene reemplazar las grasas saturadas de la dieta por grasas poliinsaturadas. Esto es de gran interés de cara al papel que desempeña el colesterol en el origen y evolución de la *arteriosclerosis*, enfermedad ampliamente difundida que se presenta con el envejecimiento y predispone a infarto, trombosis cerebral, hipertensión arterial, etc.

Destacaremos que los aceites vegetales deben usarse preferentemente crudos, ya que al calentarse a más de 105 grados se inactivan las lecitinas y se vuelven insoluble, irritando los tejidos corporales y produciendo los efectos de las grasas saturadas.

SU ASIMILACIÓN

Las grasas se forman en nuestro organismo a expensas de las que penetran en él en forma de alimento, pero el cuerpo humano, que es un laboratorio químico complejísimo y perfecto, es capaz de fabricar grasas partiendo de los elementos básicos que los componen (carbono, hidrógeno y oxígeno); de ahí que puedan formarse éstas por transformación de los hidratos de carbono y de las proteínas.

Las grasas son alimentos muy ricos en energía. Un gramo de grasa produce 9 kilocalorías. Pero a pesar de poseer mayor contenido energético, no pueden sustituir en la alimentación a los carbohidratos. Para su perfecto equilibrio en la dieta ambos alimentos deben entrar en la proporción adecuada debiendo ser la cantidad de carbohidratos el doble de la de grasas, ya que solo mediante los hidratos de carbono el organismo extrae la energía contenida en las grasas por el proceso denominado glucólisis.

NECESIDADES

— Un adulto precisa 1 g. por kilo de peso y día.
— Un niño necesita de 3 a 4 g. por kilo de peso y día.

ALIMENTOS ACONSEJABLES CON MAYOR CONTENIDO EN GRASAS

Alimento	%
— Aceite de oliva	99%
— Mantequilla	80%
— Almendras	55%
— Cacahuetes	46%
— Coco fresco	34%
— Semillas (girasol, etc.)	30%
— Quesos grasos	30%
— Soja (frijol)	17%
— Aceitunas	13%
— Quesos frescos	14%
— Huevos	11%
— Garbanzos	6%
— Maíz	4%
— Leche de vaca	4%
— Habichuelas	2%
— Pan moreno	2%
— Lentejas secas crudas	1%

Prótidos o proteínas

Las proteínas son las biomoléculas más abundantes de todos los tejidos vivientes, después del agua. En el interior de la célula constituyen el 50% de su peso seco. Al igual que las grasas e hidratos de carbono, están formadas por carbono, hidrógeno y oxígeno, pero además contienen un elemento que ningún principio inmediato tiene en su estructura, el *nitrógeno*.

La atmósfera y el suelo contienen nitrógeno, pero ni el animal ni el ser humano pueden asimilarlo. Las plantas y ciertos microorganismos pueden transformar este nitrógeno atmosférico en materia orgánica, o sea, en proteínas.

El hombre, para obtener este nitrógeno contenido en las proteínas, o bien come plantas que contengan proteínas o bien come animales que coman dichas plantas.

Las proteínas están formadas por cadenas de compuestos básicos denominados ***aminoácidos***.

Como base para la formación de las proteínas solo se combinan 22 aminoácidos diferentes. Desde el punto de vista biológico, el organismo no necesita las proteínas, sino los aminoácidos que las componen, a partir de los cuales el organismo fabrica sus diversos tipos de proteínas.

Dicho de otra forma: no necesitamos tomar las proteínas de la carne, el pescado u otros alimentos, pues el organismo, al ingerir esas proteínas las «deshace» en aminoácidos y construye a partir de ellos nuevas proteínas.

Las formas de combinación de los aminoácidos en la carne y los vegetales son diferentes pero tienen «algo en común»: en ambas hallamos los mismos elementos, los que realmente necesita el hombre, los aminoácidos.

Los seres humanos somos capaces de sintetizar de formar espontánea 14 de los 22 aminoácidos que se conocen. Los ocho restantes, denominados ***aminoácidos esenciales***, no pueden ser sintetizados por nuestro cuerpo y necesitamos extraerlos de los alimentos que consumimos. El aporte proteico del alimento está en relación directa con la presencia de estos ocho aminoácidos esenciales en una determinada proporción. La asimilación de ellos por el hombre depende también del contenido del alimento en aminoácidos esenciales.

Las carnes y pescados contienen esos ocho aminoácidos, pe-

ro también los contienen los huevos (que presentan la combinación ideal), la leche, el queso, el yogur y la soja.

Alimentos como el germen de trigo, las levaduras comestibles, los cereales integrales, el sésamo y las legumbres, contienen también la mayoría de ellos.

Los aminoácidos esenciales son: lisina, isoleucina, treonina, valina, leucina, triptófano, metionina y fenilalanina.

Mientras que el adulto necesita solo el aporte de estos ocho aminoácidos, el bebé necesita de uno más, la *histidina*, pues todavía no ha desarrollado el sistema de enzimas suficientemente como para formarlo.

SUS FUNCIONES

Los aminoácidos son los elementos constructores del cuerpo por experiencia. Son los creadores de células, tejidos, músculos y órganos en nuestro cuerpo, los portadores de la información genética; algunos son enzimas —es la clase de proteínas más amplia e importante, hay unas 1.500 enzimas y cada una cataliza una reacción distinta—; otros desempeñan el papel de reserva o presentan actividad hormonal. Las proteínas más conocidas son la *hemoglobina*, la *albúmina*, las *globulinas y la insulina*.

ASIMILACIÓN EN EL ORGANISMO

Los jugos del estómago e intestino descomponen las moléculas de proteína (llamadas polipéptidos), en otras moléculas más sencillas (tripéptidas, dipéptidos, etc.), y por fin en la estructura más simple de la proteína: el aminoácido. Estos son absorbidos y transportados por la sangre hasta las células.

Es en los ribosomas de las células dónde el organismo reconstruye, a partir de los aminoácidos, sus propias proteínas.

Con la administración de la leche materna (que es la primera proteína que toma el niño) la digestión es sobre todo intestinal; con la leche de vaca hay mayor participación gástrica a través de la pepsina.

NECESIDADES

Los requerimientos de proteínas en el lactante son muy elevados, así como en el embarazo, y en las madres lactantes:

— Lactante (leche materna): 2 g. por kilo de peso y día.

— Lactante (leche de vaca): 3-4 g. por kilo de peso y día.

Esta diferencia se debe a que las proteínas de vaca son heterólogas, y se necesita más trabajo para su digestión y absorción; como consecuencia tienen menor *valor biológico* que las de la leche de mujer, ya de por sí reducido por tener una composición de aminoácidos distinta a la ideal.

El lactante es muy sensible a los déficits y excesos de proteínas. En el primer caso se produce malnutrición y en el segundo trastornos derivados del aumento de proteínas en la sangre. El recién nacido tiene menor capacidad de utilizar las proteínas. Cuando aumentan, también lo hace el trabajo del hígado y la cantidad de urea en la sangre.

Durante la infancia la media es de 2 g. por kg. de peso y día, aumentando ligeramente si se realiza mucha actividad física. En el período de la pubertad las necesidades proteicas se incrementan y una vez ha finalizado el crecimiento y desarrollo van disminuyendo, pues ya no se necesitan las proteínas para formar nuevos tejidos, si no que se utilizan para ir reparando los ya existentes, los cuales sufren un continuo «desgaste». Las necesidades del adulto son de 0,8 g. por kg. de peso y día.

ALIMENTOS RECOMENDABLES RICOS EN PROTEÍNAS

Se recomienda la utilización de alimentos de origen vegetal por su fácil asimilación y su escaso contenido tóxico.

He aquí algunos de los alimentos que contiene más proteínas y su tanto por ciento en este elemento.

— Alga espirulina 70%
— Levadura de cerveza .. 46%
— Semillas de soja 35%
— Quesos secos 35%
— Leche en polvo 30%
— Semillas de calabaza .. 30%
— Legumbres secas 22%
— Almendras 18%
— Nueces 17%
— Copos de avena 14%
— Huevos 13%
— Legumbres verdes .. 6-8%

Contienen proteínas los huevos, la leche y sus derivados (requesón, yogur, queso, etc.), las legumbres (habas, habichuelas, garbanzos, lentejas, soja, guisantes, frijoles, etc.), los cereales integrales (trigo, avena, arroz, cebada), los frutos secos (almendras, nueces, castañas, avellanas, cacahuetes, etc.), las semillas (de calabaza, girasol, sésamo, etc.), la levadura de cerveza, las algas y las setas. En menor cantidad pero de mejor digestión, las leguminosas verdes y tiernas: guisantes, habas y judías.

Nadie ingiere un solo alimento proteico. Todos comemos una cierta variedad de alimentos. Al mezclarlos, el excedente de ciertos aminoácidos en un alimento complementa la escasez de esos mismos aminoácidos en otro alimento. Con ello el valor proteico de la mezcla se eleva. Merced a ello, una mezcla de proteínas vegetales puede ser prácticamente tan buena y nutritiva como la carne.

PRINCIPIOS INORGÁNICOS INMEDIATOS

Sales minerales

El mayor contenido en sales minerales lo poseen los alimentos procedentes del reino vegetal, las carnes apenas contienen estos elementos.

Las sales minerales de los vegetales se aprovechan y asimilan fácilmente, reuniendo todas las condiciones esenciales para la mineralización del organismo. Las que se asimilan con dificultad son las de origen artificial, que, además pueden perjudicar el estómago del niño si no se administran adecuadamente.

Algunos elementos minerales se necesitan en cantidades bastantes grandes, los *macrominerales*, como el calcio, sodio, potasio, etc.; otros, en cambio, se necesitan en cantidades mucho menores, los *oligoelementos*, como el cinc, cobre, selenio, etc., que ingeridos en exceso pueden incluso ser venenosos. Los minerales guardan entre sí cierto equilibrio en la fisiología humana, por lo que no pueden considerarse aisladamente. Por ejemplo, el calcio y el fósforo están relacionados con la formación de los huesos y dientes; el hierro, cobre y cobalto con la síntesis de hemoglobina y la formación de glóbulos rojos; el calcio y magnesio son necesarios en los fenómenos de excitabilidad de la membrana de la célula nerviosa, etc.

El organismo necesita unos trece minerales que pueden obtenerse fácilmente en la dieta, y tan solo producen trastornos por su carencia el calcio, el hierro, el yodo y más difícilmente el flúor, el cinc y el magnesio.

MINERALES NECESARIOS EN EL NIÑO Y FUENTES DE ADMINISTRACIÓN

• ***Calcio***:
— leche y derivados (queso, yogur);
— frutos secos (almendras, avellanas, nueces);
— higos secos, uvas pasas, dátiles;
— leguminosas (garbanzos, habas, soja seca);
— hortalizas (coliflor, puerros, zanahoria, apio...)
— cáscara de huevo, véase forma de ingerirla en pág. 18;
— semilla de sésamo;
— algas;

• ***Hierro***:
— vegetales de hoja (espinacas, lechugas, perejil, berros);
— leguminosas (lentejas, judía blanca seca, garbanzos, soja);
— remolacha, patatas;
— frutos secos;
— cereales integrales (pan integral);
— yema de huevo;

• ***Yodo***:
— agua;
— algas;
— pequeña cantidad en legumbres, cereales, verduras.
— En lugares en que existen carencia (zona muy alejadas del mar) se aconseja utilizar sal marina yodada o sin refinar.

• ***Fósforo***:
— huevos (sobre todo yema cruda);
— leche y derivados (quesos, yogur);
— cereales (sobretodo germen de trigo y cereales integrales);
— legumbres;
— frutos secos (almendras);
— levadura de cerveza (posee un alto contenido en fósforo).

• ***Potasio***:
— levadura de cerveza;
— frutas;
— verduras;
— dátiles secos, higos secos, melocotón seco;
— cereales (germen de trigo...);
— patatas.

• ***Magnesio***:
— verduras frescas;
— algas;
— harina de soja;
— frutos secos;
— tofu;
— cereales integrales;
— semillas de sésamo.

• ***Cloro y sodio***:
— leche;
— huevos;
— algas;
— sal de mesa.

CALCIO

Es el mineral más abundante del organismo. El cuerpo humano adulto contiene un 1,5% en peso de calcio. El 99% de este mineral se encuentra en los huesos y en los dientes.

El hueso no es un tejido inerte, sino que constantemente está remodelándose por la destrucción y renovación de sus componentes, además de ganar y perder sustancias minerales. En los dientes el recambio es extremadamente lento y una deficiencia de calcio en su formación solo podrá ser reparada tardíamente. Hay una pequeñísima proporción de calcio que circula por la sangre, necesario para su coagulación, para la contracción normal de los músculos cardiaco y

esquelético y para el funcionamiento de los nervios (transmisión del impulso nervioso).

• ***Requerimientos de calcio***. La cantidad de calcio que un adulto debe ingerir es considerable: entre 400 y 500 mg. diarios. Los niños necesitan una cantidad de calcio mayor, pues están creciendo y formando hueso. Los requerimientos de calcio están relacionados directamente con la tasa de crecimiento y la talla. Los niños precisan entre 500 y 600 mg. de calcio diarios en el primer año de vida. Entre los 1 a 9 años crecen de forma más lenta y las necesidades de calcio oscilan entre los 400 y 500 mg. En la pubertad, el crecimiento vuelve a ser más rápido, por lo que se recomienda la ingestión de 600 a 700 mg. diarios. La dieta en el niño debe ser proporcionalmente más rica en calcio que la del adulto. Ésta es una de las razones de la importancia de la *leche* en la dieta de los niños, ya que es muy rica en este mineral.

Requerimiento diario de calcio

Edad (años)	*Según el N.R.C.A.* (mg./día)*	*Según la O.M.S. y la F.A.O. (mg./día)*
0-1	600-800	500-600
1-9	1.000	400-500
10-15	1.200-1.400	600-700
16-19	1.400-1.300**	500-600
Adulto	800	400-500
Embarazo	1.500	1.000-1.200**
Lactancia	2.000	1.000-2.000

* Centro Nacional de Investigación Americano.
** La cifra de 1.400 corresponde a hombres y la de 1.300 a mujeres. La cifra de 1.200 a que se alude en el apartado «Embarazo» es para el tercer trimestre.

• ***Fuentes de calcio***. La leche y los productos lácteos contienen gran cantidad de calcio. Un litro de leche contiene 1,2 g. de calcio, por tanto, con dos vasos de leche se satisfacen los requerimientos mínimos diarios, al igual que ingiriendo, por ejemplo, 50 g. de queso, que contienen 400 mg. de calcio. Otras fuentes son la soja, los higos secos, los dátiles, etc. También se deben tener en cuenta la consumición de agua corriente, que aporta unos 70 mg. de calcio por litro.

La cáscara del huevo es una fabulosa fuente de calcio; para aprovecharla se hierve un huevo, cuando la cáscara está bien limpia se separa del resto del huevo, se lava bien y se tritura. A continuación se deposita en un vaso y se cubre con zumo de limón. Con el ácido del limón las sales del calcio se irán desprendiendo y mezclando con el jugo del limón. Puede dársele al niño una cucharadita mezclada con agua cuando disminuya el aporte de productos lácteos.

HIERRO

El hierro es el oligoelemento más abundante en nuestro organismo. Dos terceras partes del hierro total se encuentran en la *hemoglobina*, proteína encargada del transporte del oxígeno que llega de los pulmones a los órganos y tejidos, y del dióxido de carbono en los tejidos al pulmón. El resto del hierro en su mayoría está en forma de depósito y una pequeña cantidad forma parte de algunos sistemas enzimáticos que se encuentran en todas las células del organismo. Además de realizar otras funciones, el hierro interviene en la proporción de *anticuerpos* (defensas) y facilita la conversión de los betacarotenos en vitamina A.

• ***Requerimientos de hierro***. Hay unas pérdidas diarias de hierro que son compensadas con el hierro ingerido de la dieta, pero hay que tener en cuenta que, de la cantidad de hierro presente en el alimento, gran parte no pasará a nuestro organismo, pues solo se asimila de un 10 a un 15%. Las mujeres, además, pierden un promedio mayor de hierro debido a la sangre menstrual. Es evidente que las mujeres necesitarán una mayor aporte de hierro que los hombres. Los requerimientos de hierro en los niños varían individualmente según la tasa de crecimiento y el mayor o menor volumen sanguíneo.

	Edad (años)	*Hierro (mg/día)*
Bebé	0-0,5	10
	0,5-1	15
Niño	1-3	15
	4-6	10
	7-10	10
Adolescente	11-14	18
	15-18	18

* Según el National Research Council, Washington, DC, 1980.

Sin embargo, según un grupo mixto de expertos de la O.M.S. y de la F.A.O., las necesidades de un niño pequeño se cubrirán con un aporte diario de 5 a 10 mg. de hierro.

Las cantidades de hierro que el

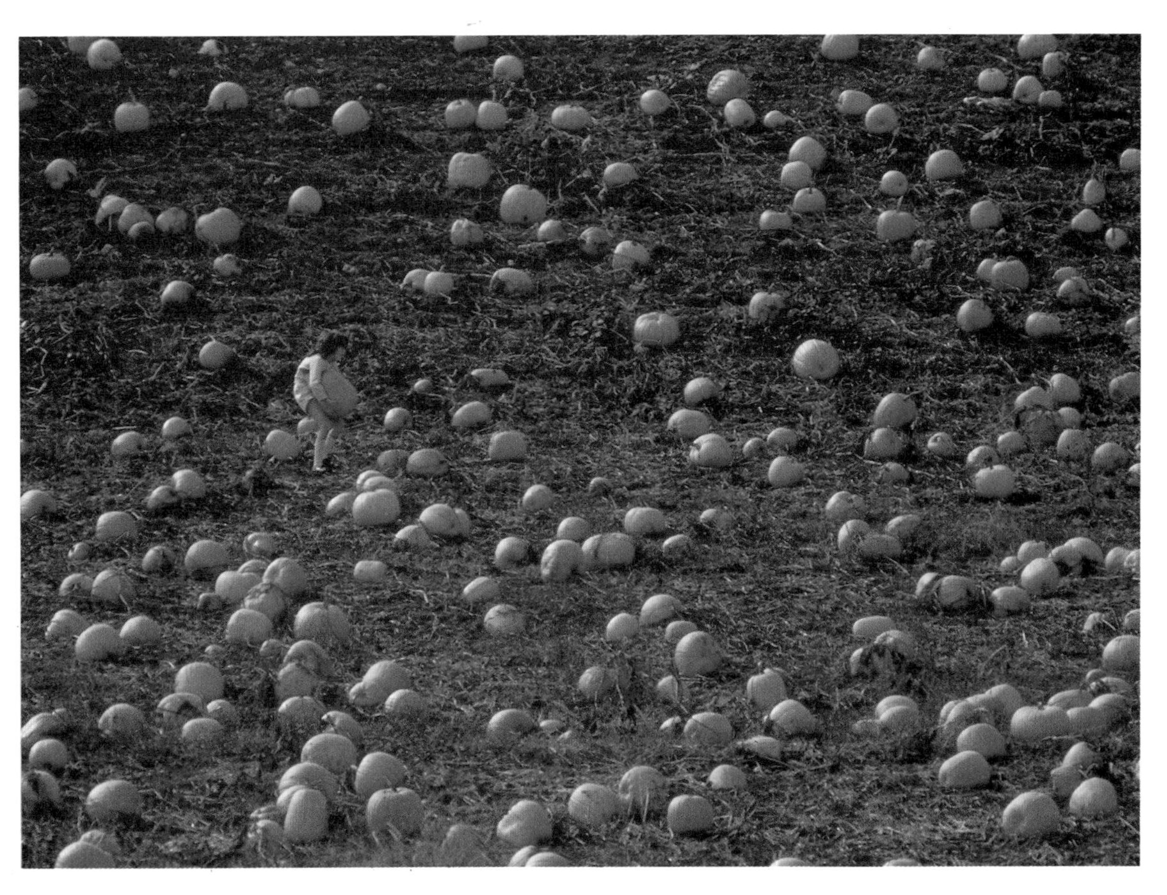

organismo absorbe en el intestino dependerán de sus necesidades, es decir, de que los depósitos estén o no llenos. La absorción se verifica gracias a la acción de una proteína que se encuentra en la mucosa intestinal y se encarga de captar el hierro.

• ***Deficiencias***. La deficiencia de hierro conduce a la *anemia*, en la que hay escasez de glúbulos rojos por falta de su principal constituyente, la *hemoglobina*. Este tipo de anemia se da con frecuencia y suele deberse a que solo una pequeña fracción del hierro de los alimentos pasa a la sangre. El hierro de la mayoría de los vegetales se absorbe escasamente, por lo que los vegetarianos corren más riesgo de deficiencia de hierro que las personas que comen carne, dado que el hierro que contienen las carnes se absorbe mucho mejor. Sin embargo, los vegetarianos suelen ingerir grandes cantidades de vitamina C, la cual favorece la absorción intestinal de hierro. En caso de deficiencia se aconseja la ingestión de hierro en forma de quelato, ya que al ser orgánico se asimila mejor.

• ***Fuentes de hierro***. Las vísceras, el marisco y las carnes ofrecen las más ricas y utilizables fuentes de hierro. Sin embargo, también lo encontramos en las cantidades necesarias en los cacahuetes, vegetales verdes, harina de trigo integral, pan, leguminosas y huevos.

Durante muchos años se ha mantenido la creencia de que las espinacas son muy ricas en hierro, cosa totalmente errónea, pues si bien lo poseen apenas son más ricas en él que cualquier otro vegetal de hoja verde. La confusión proviene de un error en una estadísticas. Es obvio, pues, que el hacer hincapié en la ingesta de espinacas en las dietas infantiles no es tan necesario como se creía (algunos niños lo agradecerán). Por otro lado, en caso de que se utilicen espinacas se recomienda que procedan de cultivo biológico, debido a la gran cantidad de tóxicos nitratos que acumulan en sus hojas con el abonado químico.

	Hierro (mg/100 g.)
Levadura de cerveza	18
Harina integral de soja	13
Cacao	12
Germen de trigo	9
Judía blanca	9
Soja seca	7
Lenteja	7
Melocotón seco	7
Yema de huevo	7
Frutos secos	4
Espinacas	3
Perejil	3
Perejil	3
Pan	2,5

YODO

Su función fundamental es la de formar parte esencial en la composición de las hormonas tiroideas, las cuales regulan la actividad metabólica del individuo interviniendo en el crecimienton en la utilización de los principios inmediatos, mantenimiento de la temperatura, en la actividad del sistema nervioso, etc.

El yodo está ampliamente repartido en la naturaleza, encontrándose en todos los alimentos, en el agua e incluso en el aire de las costas. Se absorbe fácilmente por el aparato digestivo, el pulmón y la piel.

Hay ciertas zonas montañosas como los Alpes, el Himalaya, los Andes y en España ciertas comarcas de Granada, León, Extremadura, etc., en las que existe una carencia de yodo en el suelo y por lo tanto en sus aguas y alimentos.

Para solucionar este problema basta con utilizar sal marina sin refinar, o enriquecida en yodo.

FÓSFORO

Constituye, junto con el calcio, la trama mineral del hueso. Tiene un papel fundamental en el metabolismo energético (enlaces ricos en energía), la constitución celular y la actividad enzimática. El fósforo raras veces constituye un problema dietético.

Fuentes de fósforo	*Fósforo (mg/100 g.)*
Huevo entero crudo	200
Huevo (yema cruda)	560
Quesos	300-700
Nueces	400
Almendras	475
Cereales y derivados	150-400
Pan integral	210
Germen de trigo	1.100
Legumbres	120-250

La ingestión diaria de fósforo es la misma que para el calcio, excepto durante la infancia. En ésta se recomienda la ingesta de una parte y media de calcio por una de fósforo.

POTASIO

Desempeña un importante papel en el metabolismo de la célula y en la excitación neoromuscular. Junto con el sodio y el cloro, regula el balance de líquidos y el equilibrio ácido-base en el organismo.

- ***Fuentes de potasio***. Se encuentra en casi todos los alimentos animales y vegetales, siendo especialmente ricos en él la levadura de cerveza, el germen de trigo, las patatas y los dátiles.

CLORO Y SODIO

Además de lo dicho al hablar del potasio, desempeñan un papel importante, junto a él, en la excitabilidad de la célula nerviosa y la contracción muscular.

MAGNESIO

El magnesio actúa como catalizador de muchas funciones biológicas: liberación de energía, síntesis de compuestos corporales, facilita la absorción y transporte de nutrientes, la transmisión de impulsos nerviosos y la contracción muscular. Al parecer, el magnesio promueve la retención de calcio en el esmalte dental y aumenta la resistencia a la caries dental.

- ***Fuentes de magnesio***. El magnesio está ampliamente difundido en la naturaleza. Los cacahuetes, la soja, los cereales y las legumbres son excelentes fuentes.

CONCLUSIÓN

Cada mineral presente en el organismo tiene unas funciones específicas. Si no se ingiere un aporte suficiente de estos elementos se puede enfermar gravemente. Por ejemplo la falta de hierro produce anemia; la falta de fósforo perturba el funcionamiento del sistema nervioso y el cerebro; sin calcio o yodo se suspende el crecimiento y la buena formación de los huesos; sin silicio, el tejido conjuntivo elástico pierde propiedades, etc.

Bastan estos pocos ejemplos para demostrar que los minerales son imprescindibles en la nutrición del niño. De ahí, la importancia de que este comience a tomar zumos de frutas y verduras crudas, así como caldos vegetales desde temprana edad. En la pág. 76 una tabla explica qué alimentos, cuándo y cómo se deben introducir en la dieta del bebé.

BIOCATALIZADORES: ENZIMAS Y VITAMINAS

Fermentos o enzimas

Constituyen la clase de proteínas más amplia y son altamente especializadadas. Catalizan gran cantidad de reacciones químicas que constituyen el metabolismo intermediario de las células.

En la actualidad se conocen unas 1.500 enzimas. Las enzimas intervienen en las reacciones que transforman los alimentos de composición y estructura compleja en otras sustancias más sencillas que pueden ser transportadas y asimiladas por nuestro organismo. Todas las reacciones que se dan en la digestión y en el metabolismo en general están reguladas por las enzimas.

Vitaminas

En los alimentos existen unas sustancias en cantidades muy pequeñas que son importantes para conservar la salud. Se conocen con el nombre de vitaminas e intervienen en mayor o menos grado en todas las funciones corporales. Tienen especial importancia en el *crecimiento* y *desarrollo* de los tejidos, en el funcionamiento del sistema nervioso y muscular.

Actúan como *coenzimas* (pequeñas moléculas o sustancias que complementan la acción de la enzima) y de esta forma favorecen el metabolismo de los alimentos. Si existe carencia de una vitamina se produce una enfermedad determinada, que generalmente es reversible si se administra la vitamina en cuestión.

Para conseguir un aporte suficiente de vitaminas en la dieta hay que tener en cuenta que los alimentos procesados industrialmente y refinados carecen de ellas casi por completo; en cambio, los alimentos integrales no elaborados son la mejor fuente de vitaminas. El enriquecimiento adecuado de la dieta del niño con vitaminas es muy importante.

El siguiente cuadro muestra la clasificación de las vitaminas según su solubilidad en grasas o agua.

VITAMINAS	
LIPOSOLUBLES	HIDROSOLUBLES
A D E K	B C
	• B_1 o Tiamina* • B_2 o Rifoflavina • Niacina o Vitamina PP, o Ácido Nicotínico (B_3) • B_6 o Piridoxina • B_{12} o Cianocobalamina • Ácido Pantoténico (B_5) • Ácido Fólico (B_9) • Vitamina H o Biotina • Ácido Para-Aminobenzoico *: Actualmente se tiende a denominarlas por su compuesto químico y no por el número.

CLASIFICACIÓN DE LAS VITAMINAS

Hasta ahora se conocen trece vitaminas necesarias para el ser humano. Algunas se encuentran en las partes grasas de los alimentos, son las ***vitaminas liposolubles*** (solubles en grasa). Éstas son la vitamina A, la D, la E y la K, que precisan para su absorción en el intestino la presencia de cierta cantidad de grasas en la dieta. Por tanto, cualquier estado que altere la absorción de las grasas también altera la de las vitaminas.

Otros se encuentran en las partes acuosas de los alimentos y se denominan ***vitaminas hidrosolubles*** (debido a que son solubles en agua). Dentro de este grupo se encuentran las vitaminas del complejo B y el ácido ascórbico o vitamina C.

Hay que tener en cuenta que un gran exceso de vitaminas liposolubles se puede acumular en el cuerpo y puede resultar tóxico; en cambio, un exceso de las hidrosolubles se elimina fácilmente por el riñón.

Vitaminas liposolubles

VITAMINA A

Esta vitamina llamada también retinol, se encuentra en los alimentos de origen animal pero nunca en los de origen vegetal. Los vegetales poseen varios pigmentos, de color anaranjado, denominados *carotenos*. Dos de ellos se encuentran en una amplia gama de alimentos vegetales y constituyen una fuente muy importante de vitamina A, que en el cuerpo se convierten definitivamente en dicha vitamina. Las hortalizas verdes contienen carotenos útiles, aunque el color anaranjado queda encubierto por la clorofila (verde). Al comer alimentos ricos en ciertos carotenos, éstos se convierten en vitamina A en la pared intestinal.

Existen dos formas de abastecimiento de la vitamina A: la ingerida directamente de origen animal (leche, yema de huevo, mantequilla, margarina, nata) o la ingesta en forma de carotenos procedentes de ciertos vegetales amarillos, amarillo rojizos y verdes (zanahorias, patatas, tomate, albaricoque, espinaca, diente de león, judías verdes, acelga, lechuga, remolacha). Tienen poca cantidad de esta vitamina las carnes, aceites vegetales, frutos secos y cereales.

• ***Almacenamiento en el organismo***. Si ingerimos más cantidad de la necesitada, la vitamina A se acumula en el organismo por ser una vitamina liposoluble que no se elimina con facilidad. Los excedentes de vitamina A se almacenan en el hígado. Así, una persona puede dejar de tomar vitamina A durante varios meses sin sufrir avitaminosis, ya que durante este tiempo va utilizando sus reservas.

En el niño lactante no existe tal depósito, pues este se va adquiriendo con la edad y con la ingesta de esta vitamina.

El lactante de leche materna se va abasteciendo a través de la leche y el calostro, ricos en esta vitamina.

Si el niño se alimenta con biberón debemos darle alimentos que contengan carotenos. A es-

tos precursores de la vitamina A se les denomina también provitamina A.

• ***Funciones***. Es una vitamina esencial en el crecimiento. Es necesaria para que nuestros ojos se adapten con rapidez a un cambio de luz brusco y para la visión nocturna. Participa en la conservación de los epitelios y mantiene la integridad de las mucosas del tubo digestivo, aparato respiratorio, urinario, genital, etc.

• ***Deficiencia***. La deficiencia de esta vitamina es muy común en los países del Tercer Mundo y poco frecuente en los industrializados. Puede deberse a una falta de vitamina A o de provitaminas en la dieta, o a una absorción deficiente de esta vitamina.

Entre las diversas manifestaciones clínicas se encuentran:

— en el ojo, la falta de adaptación de la visión en la oscuridad (ceguera nocturna);
— piel reseca, áspera y descamada con una mayor vulnerabilidad a las infecciones de la piel;
— mayor propensión a la infección en garganta, aparato digestivo, gastrointestinal y genitourinario debido a que las mucosas de todos los órganos quedan afectadadas;
— el pelo pierde su lustre y se cae;

— en el lactante se puede producir apatía, falta de apetito e irritabilidad. Con el tiempo, además de los trastornos de los epitelios, hay una resistencia disminuida a la infección y retardo en el desarrollo de los huesos y en la formación de los dientes;

— son frecuentes en los niños carentes de vitamina A las diarreas, a veces con sangre, motivadas por la perturbación de los epitelios del aparato digestivo.

La edad más vulnerable a la deficiencia de vitamina A es el primer año de vida, período en el que los niños tienen mayores necesidades y escasos depósitos hepáticos.

La avitaminosis se produce en los niños fundamentalmente porque no ingieren cantidades de grasas, o en lactantes alimentados artificialmente con leche de vaca, pobre en vitamina A, o en niños que presentan infecciones digestivas que perturben la absorción de la vitamina K.

• ***Requerimientos diarios:***

	*E.R.**	*U.I.***
Lactantes:		
Hasta los 6 meses***	420	1.400
De los 6 meses al año	400	2.000
Niños:		
1 a 3 años	400	2.000
4 a 6 años	500	2.500
7 a 10 años	700	3.000
Hombres:		
Adolescente	1.000	5.000
Adulto	1.000	5.000
Mujeres:		
Adolescente	800	4.000
Adulta	800	4.000
Embarazada	1.000	5.000
Lactancia	1.200	6.000

* E.R.: Equivalente de retinol. En una cuarta parte contiene betacarotenos y en tres cuartas partes retinol.
** U.I.: Unidades Internacionales. En ella se calcula que el aporte es de retinol y de betacarotenos a partes iguales.
*** Con leche materna solo se ingiere retinol.
• La absorción de caroteno en el intestino es poco eficaz y su transformación en vitamina A tampoco es total. Los vegetarianos que no consumen productos lácteos ni huevos deben doblar las cifras de requerimientos mínimos diarios de vitamina A.
• Fuente: William F. Ganong, *Fisiología Médica*, México, 1982.

• ***Alimentos con contenido en vitamina A de origen animal*** *(U.I./100 g.):*

Mantequilla	3.350
Yema de huevo	1.100
Quesos	2.500
Leche de vaca	140

• ***Alimentos vegetales con provitamina A*** *(E.R. /100 g.):*

Zanahoria cruda	11.000
Zanahoria hervida	9.000
Espinacas crudas	13.000
Espinacas cocidas	7.000
Escarola cruda	7.000
Brécol cocido	2.800
Pimiento cocido	2.000
Albaricoque	2.800
Melón	2.600
Níspero	2.700
Cerezas	1.000
Calabaza cocida	800

La alfalta tiene un gran porcentaje de esta provitamina.

• ***Estabilidad***. Esta vitamina resiste bastante bien el calor y la cocción, perdiendo las verduras cocidas solo un 15-20% de su valor y las hortalizas amarillas un 30-35% (no se disuelve en el agua de cocción). No es conveniente que le dé la luz. El secado y deshidratación de los alimentos producen pérdidas por oxidación; sin embargo, la congelación origina pocas pérdidas de vitamina A. Se va perdiendo vitamina A con el envejecimiento de las verduras.

VITAMINA D

Llamada también antirraquítica porque previene y cura el raquitismo, enfermedad en que los huesos no se calcifican adecuadamente.

Hay dos formas de obtenerla:
— al ingerir alimentos que la contienen;
— formarla en la piel tras el contacto con las radiaciones solares.

• ***Funciones***. Es necesaria para que el organismo pueda asimilar el calcio y fósforo de los alimentos. Interviene en procesos tan importantes como la dentición, la maduración ósea, el metabolismo muscular, el equilibrio endocrino y la resistencia a las infecciones.

• ***Necesidades***. Un niño desde el nacimiento a los dos años de vida debe tomar unas 400 U.I. de vitamina D diarias.

• ***Deficiencias***. Su deficiencia origina el raquitismo que se puede producir por una dieta inadecuada, deficiente aporte intrauterino en niños prematuros, falta de contacto de la piel con el sol al aire libre, por problemas de mala absorción en el intestino o fallos en el metabolismo.

Las deficiencias en vitamina D pueden producir las siguientes anomalías:
— huesos blandos, sobre todo en la cabeza. Se retrasa la dentición y se altera el orden de aparición de las piezas dentarias.
— Alteraciones a nivel de los demás huesos: piernas deformadas e incuvadas.
— Aparece el llamado «tórax alado», en el que el abdomen hinchado eleva las costillas, o el «rosario raquítico», en el que existe una prominencia exagerada a nivel de las costillas. Este mal desarrollo del pecho dificulta la respiración, se retrasan las funciones estáticas (los intentos del niño para lograr la posición erguida) y la deambulación.
Esta enfermedad generalmente se produce en los dos primeros años de vida, aunque también puede darse a cualquier edad hasta la adolescencia.

• ***Fuentes de vitamina D***. Son las radiaciones solares sobre la piel y algunos alimentos, como la leche, la mantequilla y la yema de huevo. Los vegetarianos que no consumen además ni leche ni huevos deberían preocuparse seriamente por proveerse de ella, especialmente a través del germen de trigo, el cacao y los champiñones frescos.

VITAMINA E

Se la denominó erróneamente «vitamina de la fecundidad». Su deficiencia produce esterilidad en los animales de experimentación, pero no en los seres humanos. Al tratarse de una vitamina liposoluble se precisa un aporte de grasas en la dieta para que el organismo la asimile. Pero su deficiencia es rarísima en las personas. Solo se ha observado en niños prematuros —que no pueden aún digerir las grasas— y en trastornos digestivos, en cuyo caso produce anemia hemolítica.

• ***Funciones***. Es esencial, pues actúa como antioxidante en células y alimentos. Tiene gran importancia en el mantenimiento de la integridad de las membranas celulares, que sin ella se alteran y dan lugar a una degeneración de las células.

• ***Necesidades***
— Lactante: 4 a 5 U.I./día.
— Adulto: 12 a 15 U.I./día.
— Lactancia y embarazo: 15 U.I./día.

• ***Fuentes de vitamina E***. Germen de trigo, aceite de cacahuete y oliva, vegetales y hortalizas de hojas verdes, cereales integrales sin moler, polen, nuez, huevos, levadura de cerveza.

• ***Estabilidad***. Es perfectamente estable ante los ácidos y al calor (en ausencia de oxígeno), pero es destruida fácilmente por la luz y por el oxígeno del aire.

VITAMINA K

Esta vitamina llega al organismo normalmente por la dieta y es sintetizada por bacterias en el intestino grueso humano. Interviene en la coagulación sanguínea.

• ***Necesidades***. Se precisa poca cantidad y es frecuente en numerosos alimentos de consumo habitual. El hecho de que puedan producirla además bacterias in-

testinales hace difícil su carencia. Los bebés, sin embargo, pueden padecer insuficiencia en la primera semana de vida, lo que se manifiesta en la enfermedad hemorrágica del recién nacido. El motivo es que el intestino del recién nacido es estéril, o sea, sin bacterias, y además la leche materna y la de vaca suelen ser pobres en esta vitamina. Al cabo de unos días las bacterias se establecen en el intestino y el problema se subsana. También puede producirse déficit de vitamina K si el intestino está alterado por una larga temporada de ingesta de antibióticos o si la vesícula biliar no segrega bilis, necesaria para la absorción de esta vitamina liposoluble (soluble en grasas).

• ***Fuentes***. Se halla de modo especial en los vegetales verdes y amarillos, las verduras de hoja ancha y especialmente en la col y las espinacas. Los alimentos de origen animal y los cereales la contienen en poca cantidad.

• ***Estabilidad***. La vitamina K se pierde en el proceso de deterioro de hortalizas y frutas. No se destruye por el calor y es insoluble en agua, pero se destruye por la luz, la acción de los álcalis y los ácidos fuertes.

Las vitaminas hidrosolubles

En contraste con las vitaminas liposolubles, estas otras vitaminas solubles en agua son almacenadas por el organismo en muy pequeña cantidad, por lo que si no se ingieren a través de la dieta pueden producirse deficiencias en un corto espacio de tiempo.

VITAMINA C

Su nombre químico es ácido ascórbico. Es necesaria para la formación de la colágena, la sustancia fundamental que cementa las células de los huesos, los dientes, el tejido conjuntivo y los capilares sanguíneos.

La carencia de colágena produce escorbuto enfermedad ya casi desaparecida. El escorbuto infantil se presenta en la lactancia artificial cuando no hay un complemento de zumos de cítricos (la leche de vaca tiene poca vitamina C y tras su elaboración industrial todavía menos).

Los requerimientos recomendados de vitamina C en el niño son de 35 a 45 mg/día para el lactante menor de un año y de 50 mg/día para niños entre 1 y 11 años. Después, 60 mg/día. Se oxida fácilmente y además resiste mal la luz y el calor; sin embargo tolera mejor el calor intenso y breve que el prolongado y suave. Con los sistemas de cocción modernos (ollas a presión) se conserva mejor. Con los métodos de congelación y enlatado de frutas y hortalizas se pierde cierta cantidad, pero una vez en conserva el ácido ascórbico se mantiene durante mucho tiempo.

Beber zumos de fruta es una buena forma de ingerir grandes cantidades de vitamina C, pues la principal fuente son los cítricos (naranja, limón, pomelo, lima, mandarinas, etc.) En segundo lugar las frutas en general (fresas, piña, frambuesa, melón, plátano, etc.) y las verduras y hortalizas, sobre todo cuando se toman crudas, por ejemplo el tomate (la patata no tiene grandes cantidades de vitamina C, pero si se cuece con piel conserva la mayoría de sus nutrientes, y si se toma con frecuencia proporciona una cantidad suficiente).

Una dieta vegetariana aporta generalmente más vitamina C que un régimen cárnico. La vitamina C es un reactivo en numerosos sistemas enzimáticos y se ha demostrado que tiene múltiples funciones. Facilita la absorción del hierro y del calcio y favorece los procesos de cicatrización de heridas. Se le han atribuido efectos curativos excepcionales.

Su principal función es intervenir en el buen estado de los capilares sanguíneos y en la formación de huesos y dientes, así como contribuir a reforzar las defensas orgánicas.

VITAMINAS DEL GRUPO B

El grupo B incluye una serie de vitaminas con propiedades similares. Al principio se creyó que solo existía una única vitamina B, que curaba el *beriberi*. Más tarde se fueron aislando moléculas que estaban mezcladas en aquella sustancia y que presentaban formas distintas.

Todas estas vitaminas son hidrosolubles, se encuentran ampliamente distribuidas en la naturaleza y sus fuentes a menudo son comunes. La principal es la levadura de cerveza, le siguen en importancia el hígado, la cáscara de los cereales (sobre todo la del arroz), el germen de trigo, la yema de huevo y las legumbres.

Las bacterias del intestino humano pueden sintetizar algunas vitaminas de este grupo.

• ***Vitamina B_1 o tiamina***. Con la ingestión adecuada de esta vitamina se cura o previene el beriberi. Además, la tiamina se necesita como coenzima (pequeña molécula que complementa la acción de una enzima) en dos pasos clave del metabolismo de la glucosa. Es decir, es de capital importancia en el proceso de obtención de energía a través de los hidratos de carbono (más de la mitad de energía diaria procede de ellos).

Los efectos del déficit se aprecian especialmente en el sistema nervioso, pues éste utiliza fundamentalmente la glucosa como fuente de energía. Los demás tejidos (músculos, corazón...) pueden utilizar las grasas como fuente de energía.

Son buenas fuentes los cacahuetes, la harina y el pan integral, el salvado que se separa del trigo, el arroz integral, las legumbres (judías, guisantes y soja) y la leche, pero las fuentes más ricas son la levadura y el germen de trigo. Existen muchas fuentes de tiamina, por lo que en países industrializados apenas se producen deficiencias en la dieta. El beriberi se asocia a países en los que el arroz blanco (no integral) es casi exclusivamente la única forma de alimentación.

La tiamina es estable ante el oxígeno del aire y también ante el calor en medios ácidos, pero es muy sensible a la irradiación por luz ultravioleta. Es estable en disolución.

• ***Riboflavina o B_2***. Aunque la vitamina B_2 es esencial para la vida, no se conoce ninguna enfermedad concreta causada por su déficit. Este déficit puede originar una mucosidad de la boca y garganta enrojecida e hinchada; lengua brillante y muy enrojecida, y grietas en la comisura de la boca. Rara vez se produce aislado el déficit de esta vitamina, sino que frecuentemente se da combinada con otros.

Alimentos ricos en riboflavina son la leche y el hígado. En cantidades menores la contienen los huevos, los cacahuetes, las almendras y las judías. Los cereales integrales y las verduras de hoja son importantes fuentes para los niños.

Al igual que la vitamina B_2, actúa como coenzima en varias reacciones metabólicas, interviniendo en el metabolismo oxidativo de grasas, proteínas e hidratos de carbono. Para su acción requiere la presencia de ciertos oligoelementos como el cobre, el hierro o el molibdeno, lo cual recuerda la interrelación entre vitaminas y minerales.

- ***Piridoxina o vitamina B_6***. Se encuentra en los alimentos en tres formas distintas con la misma actividad biológica. Interviene en el metabolismo de los aminoácidos, los lípidos, los ácidos nucleicos y el glucógeno, y en la síntesis de la hemoglobina. A veces se presenta una ligera deficiencia en situaciones de tensión, cuando se toman píldoras anticonceptivas o durante el embarazo. En los años cincuenta, en EE.UU. se preparó una fórmula de leche para lactantes elaborada de forma industrial y calentada hasta el punto de que se destruía la vitamina B_6. Los niños presentaron convulsiones debido a este déficit de B_6 y se demostró que esta vitamina es esencial para los seres humanos.

Su amplia distribución en los alimentos de origen animal y vegetal hace que la enfermedad carencial sea muy rara.

Cereales integrales, frutas (plátano,etc.), vegetales de hoja y otros contienen cantidades moderadas de vitamina B_6. El hígado es muy rico en ella.

- ***Cianocobalamina o vitamina B_{12}***. Interviene en múltiples procesos del metabolismo, sin embargo destaca su papel en el proceso de formación de los glóbulos rojos junto con el ácido fólico en la médula ósea. La enfermedad resultante de su deficiencia es la anemia perniciosa.

El hombre adquiere esta vitamina al ingerir productos de origen animal. Los productos de origen vegetal carecen o son muy pobres en cobalamina.

Las necesidades en el lactante son de 0,1 - 0,5 mg/día. La cianocobalamina procedente de la dieta precisa de un mecanismo complicado para su absorción. Se debe unir a una sustancia (F.I.) segregada por el estómago que facilita su absorción en el intestino delgado. Por causas genéticas, algunas personas pueden tener problemas para producir este factor intrínseco y aunque coman alimentos ricos en vitamina B_{12} pueden sufrir síntomas de deficiencia.

Solo raramente la enfermedad se debe a que esta vitamina falte en la dieta. Los únicos casos de deficiencia de cianocobalamina se han producido en vegetalianos (que no ingieren ni leche ni huevos). Entre los pocos productos de origen vegetal que tienen algo de vitamina B_{12} destacan las algas marinas y algunas levaduras.

- ***Ácido pantoténico o vitamina B_5***. Se halla presete en la mayoría de alimentos, tanto de origen animal como vegetal. Interviene en el metabolismo de muchas reacciones y prácticamente se encuentra en todos los seres vivientes.

El déficit alimentario en ácido pantoténico no se da, pues sus necesidades son fácilmente cubiertas por la dieta normal.

Los huevos, cereales en grano y la mayoría de vegetales crudos son excelentes fuentes de ácido pantoténico.

- ***Niacina o vitamina B_3, vitamina PP, ácido nicotínico o nicotinamida***. El ácido nicotínico y la nicotinamida son biológicamente equivalentes y constituyen la niacina o factor PP (preventivo de la pelagra).

Está ampliamente distribuida en la naturaleza. El triptófano (aminoácido esencial) se puede convertir en nuestro organismo en niacina, lo cual se ha de tener en cuenta a la hora de calcular sus necesidades diarias. Se recomiendan 5 mg. para el lactante y 8 mg/1.000 Kcal. de niacina para los niños (dos tercios de las cuales suelen proceder del triptófano). Para adolescentes, 6,6 mg/1.000 Kcal.

La mayor parte de la niacina se presenta en la dieta en forma de compuestos químicos en los que no es utilizable. Las fuentes vegetales más importantes son la levadura de cerveza, legumbres, mantequilla de cacahuete y cereales y pan integrales.

Como el triptófano es convertido en niacina, las proteínas animales, incluyendo productos lácteos y huevos, ofrecen gran cantidad de niacina. La leche humana contiene 1,17 mg/l. de niacina y la de la vaca 0,94 mg/l. Los cereales enriquecidos y los guisantes también son importantes fuentes.

La carencia de vitamina B_3 produce la pelagra (piel áspera), con presencia de diarreas y otras alteraciones del tubo digestivo, lesiones en la piel, irritación neurológica, síntomas psíquicos (depresión, insomnio, etc.) y síntomas de tipo general.

- ***Ácido fólico***. Interviene en la maduración de los glóbulos rojos de la sangre. Se emplea en el tratamiento de ciertas anemias. Se encuentra en las espinacas, las fresas, las setas, las lentejas, etc.

- ***Vitamina H (Biotina)***. Se encuentra en la yema de huevo y la jalea real.

- ***Ácido para-aminobenzoico***. Se halla en el germen de trigo, la levadura de cerveza y la miel.

ALCALINIDAD O ACIDEZ EN LOS ALIMENTOS

La alcalinidad o acidez de los alimentos no guarda relación alguna con el alimento original.

Entre los productos finales del metabolismo alimenticio se encuentran iones orgánicos, que disueltos en la sangre llegan a los riñones y se excretan por la orina; tales iones incluyen al sodio y potasio, que son «básicos» (alcalinos) y al cloruro, sulfato y fosfato, que son «ácidos».

El producto final será ácido o básico dependiendo de cuál de estos grupos predomine en los alimentos. Por ejemplo, los zumos de fruta ácida contienen ácido cítrico y nitrato sódico, que son fuertemente ácidos; pero estos se oxidan y se transforman en dióxido de carbono y agua, dejando un residuo: el sodio; por lo tanto, los jugos de frutas ácidas poseen acción alcalinizante.

De modo parecido, las proteínas, que son neutras, pueden dejar un residuo ácido de sulfato o fosfato; por tanto serán «acidificantes del organismo».

Lo ideal para el ser humano es que los alimentos basificantes sobrepasen a los alimentos acidificantes, por la necesidad que existe de conservar lo que se llama «la reserva alcalina del organismo», necesaria para mantener el equilibrio ácido-base.

Exponemos ahora una relación de los alimentos que pertenecen a cada grupo:

PRINCIPALES ALIMENTOS ALCALINIZANTES (GENERADORES DE BASES)

— Frutas (y su zumo).
— Patata y castaña.
— Cebolla, tomillo, romero, ajo, perejil, mejorana, orégano, etc.
— Verduras y hortalizas.
— Leche, yogur y nata.
— Soja y yema de huevo.

ALIMENTOS EQUILIBRADOS O LIGERAMENTE ACIDIFICANTES

— Cereales y pan integral.
— Mijo y derivados.
— Germen de trigo.
— Mantequilla.
— Judía verde y guisantes tiernos.
— Nuez, almendra y avellana (solo si han sido recolectados recientemente).

ALIMENTOS ACIDIFICANTES

• *Productos de naturaleza ácida*:
— Carne, pescado y embutidos.
— Huevos (especialmente la clara).
— Queso (cuanto más concentrado y menos fresco sea).
— Legumbres (haba, garbanzo, alubia, lenteja, etc.), excepto la soja.
— Alcachofa, col de Bruselas, espárrago y cacahuete.

• *Productos «acidificantes» por extraer bases al organismo*:
— Azúcar.
— Harina blanca (pan blanco, galletas, pasta de sopa, etc.).
— Aceites y grasas (especialmente las saturadas).
— Café, té, chocolate y alcohol.

LA DIGESTIÓN Y EL APARATO DIGESTIVO DEL NIÑO

Interesa conocer las características de la digestión y el metabolismo en la lactancia porque son muy útiles a la hora de determinar la dieta de los niños, así como para conocer y solucionar los trastornos nutritivos.

Desde el nacimiento, el lactante tiene su aparato digestivo adaptado a la leche materna. Dentro del primer año se produce una maduración progresiva que le permitirá digerir cualquier alimento que toma el adulto.

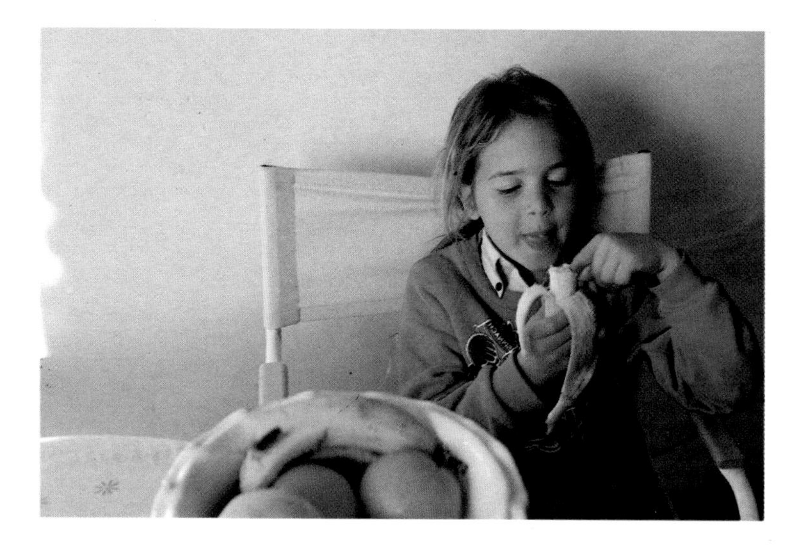

Digestión bucal

La principal función de la boca en el lactante es la succión. El lactante adapta los labios a la areola mamaria y mantiene cerrada la boca alrededor del pezón; con ello se crea una presión baja que produce el vaciamiento de la mama.

La saliva es escasa hasta los 2-3 meses; esto predispone a la aparición de infecciones bucales. A partir de los 3 meses se presenta secreción salivar abundante, sobre todo en el sexto mes, coincidiendo con la salida de los primeros dientes. En este momento, el niño aún no deglute la saliva, por lo que no es de extrañar que babee.

A los 7 u 8 meses se pueden incorporar las harinas a la alimentación, ya que la saliva contiene amilasa o ptialina, fermento que descompone el almidón (azúcar más complejo del reino vegetal), en hidratos de carbono más simples (ver pág. 12).

En el lactante pequeño no existe digestión bucal, porque ni la leche materna ni la de vaca contiene almidón. Posteriormente, cuando se introducen las papillas de harina en la dieta empieza a desarrollar esta función.

La digestión, sin embargo, se realiza de modo preferente en el estómago y el intestino, ya que en la boca el alimento permanece poco tiempo.

Cada tres chupeteos hay una deglución. En esta labor el niño traga aire, lo cual da lugar a la aerofagia fisiológica del lactante (acúmulo de gases en el estómago).

El esófago tiene una función escasa en esta edad, pues apenas posee movimiento, y el cardias (unión de esófago y estómago) es insuficiente, lo que produce regurgitación de la leche tras las tomas.

Digestión gástrica

Lo más deficitario en el desarrollo del estómago del lactante es la musculatura.

Al llegar los alimentos al estómago, éste se contrae y en forma de eructo expulsa el aire que el bebé ha deglutido. La emisión se suele acompañar de contenido gástrico, o sea, de leche.

La digestión en el estómago se realiza por acción del jugo gástrico, que se secreta en tres fases:

1) *cefálica*: estimulada por la visión de la madre;

2) *gástrica*: estimulada por la llegada del alimento;

3) *intestinal*: estimulada por la llegada del alimento.

Su estómago y las primeras porciones del intestino vierten las siguientes secreciones:

• ***Moco***: recubre la mucosa gástrica y la protege de los fermentos o enzimas.

• ***Ácido clorhídrico***: establece el medio ácido adecuado que facilita la activación de un fermento llamado pepsina. Además, protege contra las infecciones digestivas, regula la motilidad del estómago y facilita la absorción de hierro en el intestino.

Inmediatamente tras el nacimiento, el grado de acidez es menor debido al líquido aminiótico que ha tragado el niño, ligeramente alcalino. Veinticuatro horas después, la acidez se acentúa bastante por el paso desde la madre de una hormona, la gástrica, que estimula la secreción de jugo gástrico. A lo largo de la primera semana vuelve a descender la acidez.

Durante toda la lactancia existe una hipoclorhidria fisiológica.

• ***Pepsina***: es el fermento que hidroliza las proteínas en el estómago.

• ***Lipasa***: realiza la digestión de las grasas.

• ***Factor intrínseco***: se trata de una proteína secretada en el estómago; es esencial para la absorción intestinal de la vitamina B_{12}.

• ***Gastrina***: es una hormona proteica secretada en el estómago que estimula la secreción de ácido clorhídrico, pepsina e histamina.

Dos horas y media después de la ingestión de alimento si se trata de leche materna, o de tres y media si es de vaca, el producto gástrico, llamado ***quimo***, pasa al intestino con las siguientes modificaciones:

— El agua pasa en su totalidad, pues no se absorbe.
— Algunas sales se han ionizado para mejorar su absorción en el intestino (hierro).
— Los hidratos de carbono no se han modificado.
— Las grasas se han desdoblado parcialmente en glicerina, monoglicéridos, diglicéridos y ácidos grasos.
— La caseína ha pasado a moléculas más simples.

De la duración de la digestión gástrica puede deducirse que el intervalo entre las tomas debe ser de 3 ó 4 horas, según la lactancia sea materna o de vaca respectivamente.

Digestión intestinal

La musculatura intestinal del lactante también está deficientemente desarrollada. En el intestino delgado se completa la digestión, ya iniciada en el estómago, de las proteínas, grasas e hidratos de carbono, a través de la acción del jugo pancreático, intestinal y biliar.

JUGO PANCREÁTICO

Contiene los siguientes fermentos:

• ***Proteasas***: hidrolizan las proteínas. La capacidad que el lactante posee para digerir las proteínas es buena.

• ***Amilasa***: se empieza a producir al incorporarse las harinas en la dieta, siendo escasa con la alimentación a base de leche exclusivamente.

• ***Lipasa***: actúa sobre las grasas y las desdobla en ácidos grasos y glicerina.

JUGO INTESTINAL

Posee fermentos como la lipasa y las disacaridasas (estas últimas hidrolizan azúcares más simples que la amilasa) y peptidasas (hidrolizan proteínas más pequeñas).

BILIS

En el lactante su secreción es escasa. Se une a las grasas y permite así su absorción; de esta forma se absorben las vitaminas liposolubles (A, D, K y E), el colesterol, los monoglicéridos y los ácidos grasos de cadena larga, pues los de cadena corta y la glicerina no lo precisan.

Tras el proceso de digestión intestinal, el quimo gástrico se convierte en quimo intestinal o ***quilo***, apto parta su absorción. Los alimentos ingeridos en la dieta se han transformado en elementos más simples que ya se pueden absorber. Estos son:

— Hidratos de carbono: monosacaridos.
— Grasas: ácidos grasos, glicerina y monoglicéridos.
— Proteínas: aminoácidos y dipépticos.

Las grasas simples se absorben. Los lactantes absorben menos grasa que los adultos y tanto menos cuanto más inmaduro está el intestino.

La digestión y absorción de proteínas, en cambio, está bien desarrollada en el recién nacido e incluso en el niño prematuro.

Los hidratos de carbono se digieren y absorben con facilidad.

INTESTINO GRUESO

En él se absorbe gran cantidad de agua y sales. Los restos de carbohidratos y proteínas no absorbidos en el intestino delgado generan fenómenos de fermentación y putrefacción respectivamente, con la producción de gases. Es conveniente para el niño que beba suficiente agua para evitar su excesiva absorción en el intestino grueso y por tanto el estreñimiento.

La motilidad del colon está exacerbada y existe lo que se denomina reflejo gastrocólico, por el que algunos niños producen una deposición después de cada toma.

Durante el primer mes son normales de tres a cuatro deposiciones diarias, dos o tres durante el primer trimestre, y una o dos a partir de él. Los niños alimentados con leche materna suelen tener mayor número de deposiciones y las heces de consistencia más blanda. Sucede al contrario con la lactancia artificial.

VENTAJAS DE LA ALIMENTACIÓN OVO-LACTO-VEGETARIANA

• Es completa, es decir, aporta todos los nutrientes necesarios que precisa al ser humano: vitaminas, sales minerales, hidratos de carbono, grasas y proteínas, y además en una relación más equilibrada en los alimentos de origen vegetal.

• No fatiga a las vísceras por su escaso contenido tóxico, permitiendo que éstas funciones correctamente hasta edades muy avanzadas.

• Las digestiones son más ligeras, pues los alimentos vegetales se digieren mejor y más rápidamente

• Favorece la circulación y la limpieza de la sangre por su alto contenido en sales minerales y su escaso contenido en grasas saturadas. Evita el exceso de colesterol, ácido úrico, etc.

• Su elevado contenido en celulosa estimula el movimiento peristáltico del intestino, favoreciendo la normal circulación de las heces y evitando el estreñimiento.

• Al sufrir menos el efecto de excitantes, la energía del cuerpo no se ve alterada y es controlada y utilizada por el organismo con mayor equilibrio.

• Es más rentable, según estudios económicos realizados. El vegetarianismo, de extenderse, permitiría erradicar el hambre en el mundo.

• No produce *putrefacción* en el intestino al no ser tan rica en proteínas (la causa de la putrefacción intestinal es el exceso en el consumo proteico). Al predominar los carbohidratos se producen en el intestino los gérmenes que provocan la *fermentación* de los alimentos, menos nociva.

• Se evita la influencia hormonal y emocional que transmite la carne del animal. Con una alimentación libre de carnes animales se da el primer paso hacia el dominio de uno mismo.

• Ahorra el sacrificio de animales. Estas palabras del Dr. Eduardo Alfonso, decano de los médicos naturistas españoles, pueden ampliar esta idea: «Lo que no concibo es degollar un cabrito, asfixiar a una paloma, cortar la nuca a una gallina o dar una puñalada a un cerdo para que yo me coma sus restos. No es por una cuestión de química biológica por lo que pasé a las filas del ovo-lacto-vegetarianismo, sino por el imperativo moral de que mi vida no sea mantenida a costa de la vida de otros seres».

Posiblemente, si cada hombre tuviera que matar para comer disminuiría notablemente el consumo de animales. Cualidades como la justicia, el amor y la conciencia hacen que el ser humano se aleje por naturaleza del sacrificio de otro ser para su propio beneficio.

Por otra parte, no debe existir temor alguno. La alimentación ovolacto-vegetariana no produce ningún déficit, siempre que sea variada; es más, es la alimentación convencional actual la que carece de elementos como las vitaminas, sales minerales y las grasas insaturadas.

Una dieta con los elementos que se indican a lo largo de esta obra hará que los niños se desarrollen correctamente, potenciado además sus facultades internas.

DESVENTAJAS DE LA CARNE

¿Somos vegetarianos por naturaleza?

Haciendo un estudio comparativo entre el hombre y los diversos tipos de animales observados que nos parecemos más a un grupo de estos últimos: a los comedores de frutas, verduras y semillas.

Estudiando nuestra fisiología y anatomía se desprende que el ser humano no es comedor de carne por naturaleza.

— Su sistema muscular no es apto para los esfuerzos violentos que requiere la caza, ni su cuerpo tiene órganos desarrollados específicamente para matar.

— Su dentadura es similar a los comedores de semillas, con ausencia total de *muelas carniceras* y colmillos de presa.

— Al igual que los herbívoros, la mandíbula tiene movimiento lateral para masticar y ensalivar los alimentos. Los animales carnívoros solo pueden realizar movimiento vertical para desgarrar y tragar rápidamente el alimento.

— Las secreciones salivares son mucho más suaves que las de los animales carnívoros, así como los jugos gástricos; los carnívoros son capaces de deshacer los huesos en el propio intestino.

— El hombre bebe por succión, de la misma forma que los herbívoros. Los carnívoros se ayudan de la lengua para ello.

— El intestino del ser humano es mucho más largo que el del carnívoro, requiriendo alimento de consistencia fibrosa (celulosa). La digestión de la carne se hace lenta y pesada en un intestino tan largo; el animal carnicero, por el contrario, digiere rápidamente su alimento.

Los tóxicos de la carne

No solo nuestra fisiología nos hace pensar que las carnes no son alimento adecuado, también podemos decir que contienen gran cantidad de ***tóxicos***.

En cada gramo de carne hay 5 millones de bacterias de la putrefacción. El Dr. Eduardo Alfonso, en su obra *Curso de Medicina Natural en 40 lecciones*, cita el examen bacteriológico realizado en el laboratorio del Battle Greeck Sanitarium de diversas carnes frescas que dio el siguiente número de bacterias por onza (28 g.):

Filete de buey . . .	37.500.000 a 45.000.000
Filete de cerdo . . .	5.100.000 a 87.000.000
Hígado de vaca . .	3.000.000 a 945.000.000
Carne de vaca en conserva	3.000.000 a 910.000.000
Hígado de cerdo .	3.000.000 a 2.862.000.000

Son cantidades no lejanas de las que pueden hallarse en los excrementos frescos de los animales:

Ternera	450.000.000
Caballo	750.000.000
Cabra	2.070.000.000
Vaca	2.400.000.000
Jugo de ostras . .	102.000.000

Por otra parte, la cocción no destruye todas las bacterias, microorganismos ni enzimas. En las carnes encontramos también urea, colesterol, ácido láctico, purinas, y otros alcaloides y venenos que van produciendo en el hombre cierto grado de intoxicación que a la larga desencadena enfermedades como arteriosclerosis, nefritis, hipertensión arterial y problemas cardiovasculares.

El exceso de carne en la alimentación del niño le produce hiperactividad nerviosa debido a los efectos estimulantes que contiene las hormonas que ingiere con ellas.

Las hormonas (sustancias que regulan el funcionamiento interno del organismo) no solo actúan a nivel físico, sino que altera también nuestra conducta cuando su equilibrio se rompe. Por ello las potencialidades físicas y psíquicas del niño se pueden ver frenadas y desviadas, haciéndolo más irritable e instintivo.

Cuestión de vibraciones

Además de cuerpo físico, el hombre posee también un cuerpo emocional y mental.

El cuerpo emocional, astral o energético, como bien queramos llamarlo, se «nutre» de la emanación vibratoria de todo lo que nos rodea: personas, elementos, animales, etc. El contacto con la naturaleza llevan de vitalidad y renueva nuestras energías; por el contrario la vibración de determinados ambientes, ya sea en el trabajo, familia o sociedad, puede desvitalizar y desequilibrar nuestras energías, produciendo estrés, depresiones y otras alteraciones.

El alimento es también una fuente de vibración energética. Al ingerir alimentos con actividad celular, con vida, la persona se vitaliza, asimila su vibración vital. Si por el contrario se nutre con alimentos sin vida (animales muertos) que poseen además tóxicos, hormonas y la vibración negativa de la muerte del animal, capta el estado vibratorio de esos restos cadavéricos, que corresponde a un plano menos deseable.

Parte de la emanación energética, llamada también aura, puede ser estudiada por medio de la llamada cámara «Kyrlian», que recoge en la película cierta radiación que emite y rodea a todo objeto.

Los estudios del matrimonio Kyrlian les llevaron a la siguiente conclusión: el color del aura estaba directamente relacionado con el estado emocional-energético del objeto fotografiado.

Las manchas rojas aparecían en fotografías realizadas a personas encolerizadas e irritadas. El aura entre roja y azulada pertenecía a personas con estados emocionales alterados. El aura de grosor intermedio y de color roja y violácea correspondía a animales vivos. El aura de grosor intermedio roja violácea y azulada a animales muertos. El aura fina y blanca identificaba la radiación de las plantas; su intensidad de brillo es superior a la de cualquier otro elemento. Las personas fuertes, sanas y equilibradas poseen un aura ancha y blanca.

El Dr. Serge Raynaud de la Ferrière afirma que «el aura es una emanación de los centros nervofluídicos. De acuerdo con el grado de desarrollo de dichos centros, el aura presenta matices diferentes atribuídos al misticismo, a la intelectualidad, a la brutalidad, etc. El cuerpo astral es, hasta cierto punto, la emanación del cuerpo físico y sus matices dependen de la constitución de su envoltura material. El tabaco, el alcohol y la carne dificultan la sutilización, ya que poseen la facultad de alterar la pureza de los corpúsculos que forman el aura».

Los vegetales son los únicos seres vivos capaces de captar el nitrógeno del aire (elemento indispensable para formar las proteínas) y transformarlo en materia orgánica. Forman en la cadena alimenticia alimentos de primer orden.

Los animales herbívoros se alimentan de estas plantas y forman, a expensas de ellas, sus propias proteínas. Forman el se-

gundo eslabón de la cadena alimenticia.

Los animales carnívoros se nutren en estos últimos, reutilizando de nuevo esa materia original que prestaron las plantas. Constituyen el tercer eslabón.

Por último, el hombre tiene la opción de formar sus proteínas utilizando como alimento cualquiera de estos grupos. Cada cual se debe cuestionar el hecho de alimentarse del producto originario o reutilizar por segunda o tercera vez esa energía primaria.

Filósofos del vegetarianismo

La conveniencia de abstenerse de ingerir carnes ha sido reflejada en numerosas obras literarias a lo largo de la historia; la salud ha preocupado en todos los tiempos a filósofos, médicos, científicos, literatos, etc.

Buffon en su «Historia Natural», Cuvien, padre de la Palentología en sus «Lecciones de Anatomía Comparada» (quien asegura que si la carne no estuviera cocida y preparada con especias para ocultar su olor cadavérico, el hombre nunca se dejaría persuadir para comerla), Cheine en su «Ensayo sobre la Salud» y un largo etcétera de personalidades han defendido con todo el apoyo científico el carácter vegetariano del hombre.

El médico francés Dr. Carton afirma: «la carne es un veneno lento, pero seguro, y una de las mayores causas de las enfermedades y de las degeneraciones humanas».

Personas como Gandhi, Pascal, Darwin, Milton, Pitágoras, Séneca, Rousseau, San Agustín, Goethe, Leonardo da Vinci, San Clemente de Alejandría y Platón defendieron el respeto a la naturaleza y a los seres vivos, alimentándose todos ellos con dietas exentas de animales.

Pitágoras afirma: «¿Acaso no tenéis las doradas mieses?, ¿por ventura no son infinitos los árboles cuyas ramas se doblan al peso de su regalado fruto?... Pródiga la tierra de sus tesoros y agradables alimentos, os brinda un sustento que no cuesta muerte ni sangre. Solo de animales es propio alimentarse de carne y aun no todos la usan. El caballo, el buey, el carnero, pacen las hierbas de los prados; únicamente los de índole fiera y silvestre, los tigres, los fieros leones, los lobos, los osos, gustan de sangrientos manjares. ¡Oh dioses! ¿Puede haber mayor delito que introducir entrañas en las propias entrañas, alimentar con avidez el cuerpo con otros cuerpos?»

Vegetarianismo y religión

Los fundadores de las principales religiones universales, conscientes de que la alimentación de carnes animales dificulta el desarrollo espiritual del ser y exige la muerte del animal, procuraron restringir su consumo.

Mahoma dice: «Oh, creyentes, nutriros de los manjares deliciosos que os hemos dado para alimentaros y dad las gracias al Señor si sóis sus adoradores. Dios os veda comer animales muertos, sangre, carne y puerco y todo animal sobre el cual se haya invocado un nombre que no sea el suyo». (Corán II, 163, 167, 168).

Moisés en el Levítico escribió: «Tú y tus hijos contigo no beberéis vino, ni sidra cuando hubiéreis de entrar en el tabernáculo del testimonio, porque no muráis: estatuto perpetuo será para tus generaciones» (X, 8-9). También en el capítulo XVII, versículo 10 encontramos: «Si un israelita o un extranjero residente entre vosotros come cualquier clase de sangre, yo me volveré contra él y lo extirparé de su pueblo».

En el Génesis (I, 29-30) se lee: «Dijo Dios: Ahí os doy cuantas hierbas de semillas hay sobre la tierra toda y cuantos árboles producen fruto de simiente para que todos os sirvan de alimento». «También a todos los animales de la tierra, y a todas las aves del cielo, y a todos los vivientes que sobre la tierra están y se mueven les doy para comida cuanto de hierba la tierra produce».

En el capítulo 9, versículos 3 y 4 continúa el mismo tema: «Todo lo que se mueve y vive en la tierra os servirá de alimento; así como las legumbres y hierbas; os lo he dado todo. Empero carnes con su vida, que es su sangre, no comeréis».

San Pedro en cierto ocasión oyó una voz que le decía: «levántate Pedro, mata y come», a lo que él respondió «Señor no; porque ninguna cosa común o inmunda entró jamás en mi boca». (Hechos, II, 7-8.)

Comentarios similares encontramos en Isaías (cap. 66, ver 31, cap. 65, vers. 19 al 25; cap. 66, vers. 16 al 17) o en el Eclesiastes (cap. 37, vers. 32 y 34).

Por otra parte, el mandamiento «No matarás» no tiene por qué excluir a los animales.

Resumen

Son tres pues los motivos fundamentales por los cuales no se recomienda alimentarse de animales:

- Por nuestra salud física.
- Por la influencia psíquica y emocional que recibimos al ingerirla.
- Para evitar la pesadilla de los mataderos y la muerte de animales, hecho que impide la correcta formación y desarrollo de una moral universal basada en el servicio y el respeto a la vida que contribuya a la evolución de la humanidad.

La Lactancia Natural

LA ALIMENTACIÓN DEL RECIÉN NACIDO

Aunque las modernas tendencias naturistas aconsejan poner al niño a succionar en el pecho materno inmediatamente después de nacer, es conveniente esperar doce horas con el fin de observar si el bebé padece alguna malformación esofágica, la cual, en el caso de ingerir alimento, podría producirle una neumonía por aspiración, es decir, el alimento pasaría a las vías respiratorias.

Con este fin, pues, el recién nacido se abstendrá de ingerir líquido hasta las 6-8 horas del nacimiento.

A partir de este tiempo comenzaremos a administrarle suero glucosado al 5%. La función del agua glucosada es limpiar la vía digestiva del niño, preparándole para la ingesta de alimento.

El primer alimento, «el calostro»

La leche de los 4 a 6 primeros días se llama calostro. Es un líquido amarillento y viscoso, de composición y cualidades parecidas al plasma sanguíneo; constituye un alimento de facilísima digestión y de gran valor nutritivo.

COMPOSICIÓN DEL CALOSTRO

Proteínas: El calostro tiene una gran riqueza en proteínas, más que la leche madura, siendo las más abundantes la albúmina y las globulinas de fácil absorción para el recién nacido.

Grasas: La cantidad de grasas es menor que en la leche madura, pero es la necesaria cuantitativa y cualitativamente para los primeros días de vida.

Sales minerales: Hay un contenido muy alto en sales minerales. El fósforo, cobre, yodo y cinc son los más abundantes. También se encuentra calcio, pero en menor proporción que en la leche.

Vitaminas: Es muy rico en vitaminas, sobre todo en vitamina A (tres veces más rico que la leche definitiva), vitamina E (dos o tres veces más rica), carotenos (diez veces más rica) y vitamina C.

Otras sustancias que componen el calostro:

Hormonas: Principalmente gonadotropinas, prolactina, hormonas tiroideas y estrógenos que participan en el equilibrio endocrino del niño.

Agua: Su proporción es del 87%.

Enzimas: La lipasa es la más abundante; ayuda a digerir la grasa de la secreción mamaria.

Anticuerpos: Una de las grandes virtudes del calostro es la presencia de sustancias bactericidas e inhibidoras de virus y numerosos anticuerpos que protegen al niño frente a la infección digestiva en los primeros días de vida.

Otros: El calostro contiene también factores que estimulan la coagulación de la sangre.

La composición del calostro según el momento en que se examina es (en gramos por cien):

	Proteínas	*Grasas*	*Sales*
1.er día	6-9	3-5	0,4-0,45
2.º día	5-7	2,5-3,5	0,38-0,4

FUNCIONES Y EVOLUCIÓN DEL CALOSTRO

Además del calostro tiene dos funciones específicas: proteger la glándula mamaria de las infecciones externas y facilitar la expulsión del meconio o primeras heces del bebé gracias a su efecto purificador y laxante.

El calostro se va modificando y da paso a la llamada leche de transición. Esta modificación se caracteriza por una disminución gradual de las proteínas y minerales con un aumento de azúcares y grasas.

La aparición de esta «leche de transición» va acompañada de fenómenos locales y generales en la madre, conocida como la «subida de la leche». Ésta, se produce más o menos en siete días.

Solo al final del primer mes adopta definitivamente la leche su carácter maduro y estable, con poca variación en mujeres sanas hasta el final de la lactancia.

LA SECRECIÓN LÁCTEA

La glándula mamaria

El tamaño de este órgano es particular de cada mujer. El tamaño externo no está relacionado con el tamaño de la mama; a menudo, mujeres aparentemente con poca mama poseen una glándula mamaria desarrollada y viceversa. La apariencia externa viene, pues, condicionada por la cantidad de grasas existente entre la glándula y la epidermis.

La glándula mamaria está formada por lóbulos, lobulillos y acinis.

Cada lóbulo, que tiene forma de racimos de uva, desemboca en su conducto galactóforo. Existen 10 a 15 lóbulos. A su vez cada lóbulo tiene de 20 a 30 lobulillos que desembocan en los conductos lactíferos más pequeños, y éstos en el conducto galactóforo principal.

La unidad secretora es el acini, existiendo en total de 80 a 100 alveolos o acinis.

La forma de la mama es hemisférica o cónica. Su parte central está formada por la areola, que es una zona de piel pigmentada, y el pezón, que también está hiperpigmentado y es donde desembocan los conductos galactóforos en número de 10 a 15.

Debajo de la piel se encuentra el tejido celuloadiposo, situado dentro de las celdas adiposas.

La subida de la leche

Los primeros síntomas de «la subida de la leche» suelen producirse entre el cuarto y sexto día del nacimiento.

• ***Sintomatología general***:
— Malestar.
— Fiebre no superior a 38 °C.
— Discreto dolor de cabeza.

• ***Sintomatología local***:
— Inflamación de la mama con signos de calor, tensión o tirantez, dolor y rubor.

Todos estos síntomas desaparecen en 24-36 horas. No se deben exprimir los senos con la intención de calmar las molestias pues perjudicaría a la glándula.

Composición de la leche

La leche materna es un alimento y el ideal para el lactante, porque a diferencia de la de vaca, que siempre es igual, la leche de mujer va modificando su composición, adaptándose a las necesidades del niño a lo largo de la lactancia.

La leche se elabora a partir del suero de la sangre de la madre.

Se compone de los siguientes elementos:

• ***Proteínas***: El 60% de ellas son lactoalbúminas y lactoglubulinas (llevan incluidos anticuerpos) y el 40% es caseína. En la leche, de

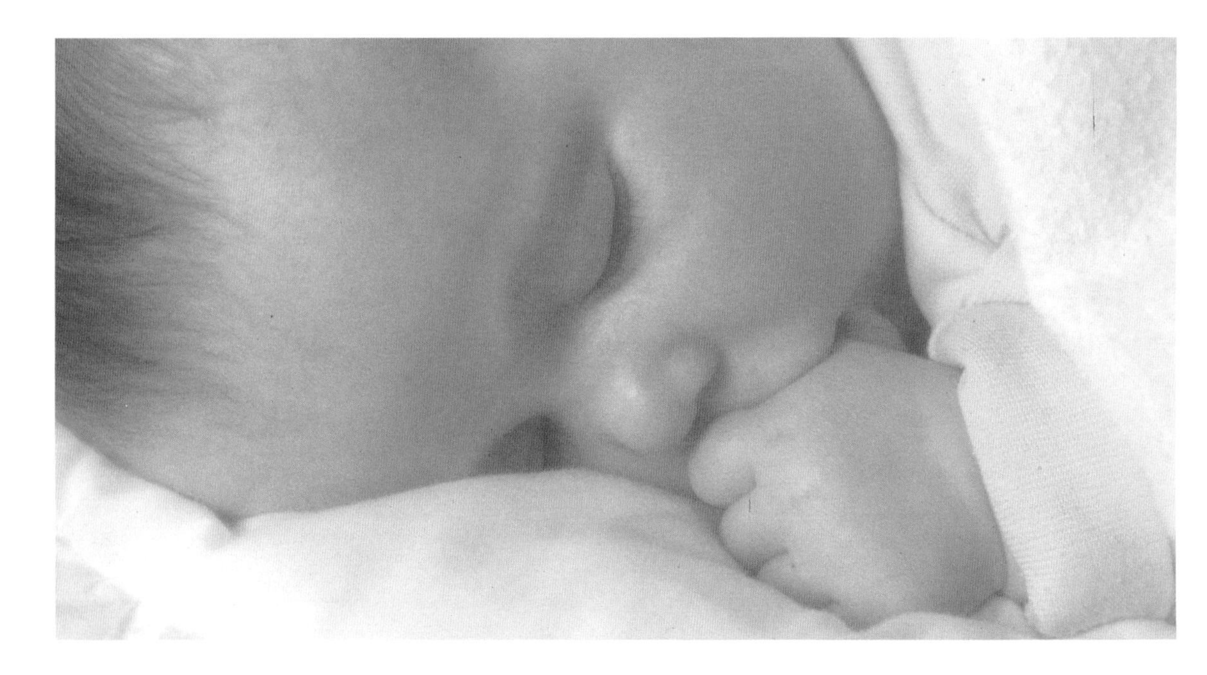

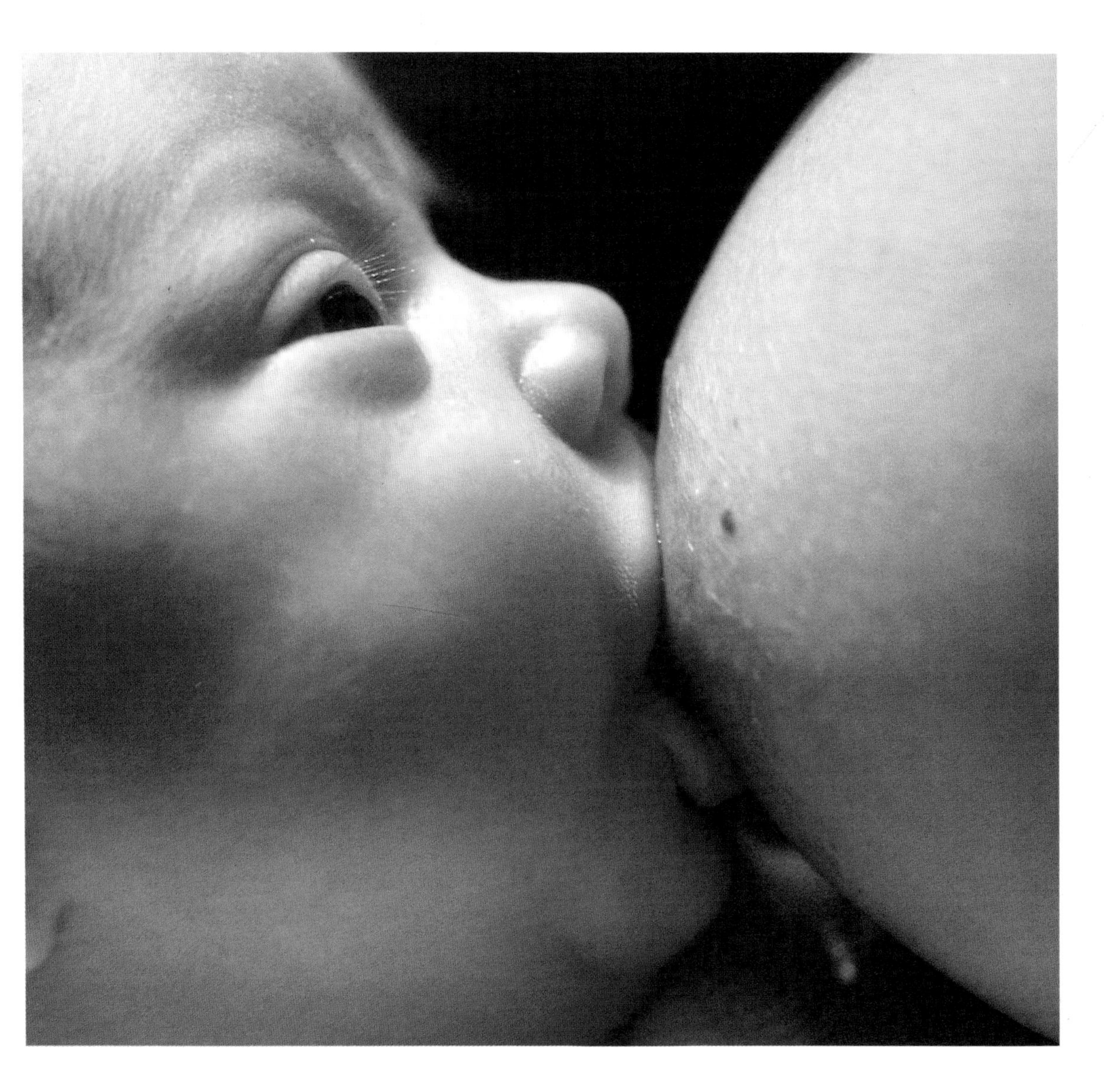

cada 100 ml., 1,1 g. son de proteínas.

• ***Grasas***: Las de la leche materna son grasas neutras. Las hay de cadena corta, media y larga, siendo estas últimas las más abundantes. Predominan los ácidos grasos «insaturados» como el oleico, linoleico, linolénico, y el arquidónico. Estos tres últimos son ácidos grasos esenciales. Su falta produce alteraciones cutáneas y del sistema nervioso. Los ácidos grasos insaturados facilitan la absorción intestinal del calcio. La proporción es de 3,8 g. por 100 cc. El 98% son triglicéridos y el 2% restante son ácidos grasos libres, mono y diglicéridos, fosfolípidos, colesterol y vitaminas liposolubles (A, D, E y K).

• ***Hidratos de carbono***: La proporción es de 7 g. por 100 cc. de leche. Hay gran porcentaje de lactosa, formada por glucosa y galactosa, esta última necesaria para la formación de cerebrósidos (integrantes del sistema nervioso). Existen pequeñas concentraciones de glucosa, lactulosa y factor de crecimiento del bacilo bífico o B.

• ***Sales minerales***: Su proporción es de 0,20 g. por 100 cc. de leche. Son principalmente calcio, fósforo, sodio, magnesio, potasio y una pequeña proporción de hierro. El aporte de este último mineral en la leche materna cubre las necesidades de los tres primeros meses de vida del lactante aproximadamente, por lo que a partir de esta fecha se le proporcionarán en la dieta complementaria alimentos que lo contengan.

• ***Vitaminas***: Se han encontrado en la leche todas las vitaminas, incluidas las fundamentales. Se aconseja administrar a partir del día 21 de lactancia un aporte complementario de vitamina D por medio de baños de sol (la forma de aplicación de estos baños se encuentra en el apartado «La otra alimentación», pág. 105

La cantidad de leche producida

La cantidad de leche producida varía notablemente en las 24 horas del día, dependiendo estas modificaciones de la misma mujer, su constitución, forma de la glándula mamaria, etc. Aproximadamente se puede fijar la cantidad entre 600 y 800 cc., cantidad suficiente para la alimentación del lactante.

La secreción suele ser más abundante por la mañana y por la noche, y más escasa por la tarde; también es normal que la cantidad varíe de un pecho a otro.

Al comienzo de la toma se observa cómo la leche va aumentando gradualmente; a los pocos minutos el flujo disminuye hasta casi paralizarse totalmente. Tanto es así que a veces el niño comienza a llorar; al cabo de algunos segundos la leche fluye en abundancia. Durante este flujo abundante de leche se experimenta una sensación de tensión mamaria que afecta al seno que no lacta, pues se vierte la leche al exterior sin el estímulo de la succión.

Se ha observado que en una misma tetada la composición de la leche varía: disminuyen progresivamente las proteínas y aumentan gradualmente las grasas hacia el final de la misma. Este aumento hace que el niño sienta saciedad; o sea, tenga sensación de estar lleno, y como consecuencia deje de mamar. Al mismo tiempo las grasas retrasan la evacuación gástrica. Por otra parte, si la leche fuera igual de diluida que al principio, el estómago se vaciaría muy pronto y el niño nunca se sentiría satisfecho. Son valiosas ventajas que difícilmente podrá ofrecer la leche artificial.

Alimentos que aumentan la cantidad de leche materna

Durante el período de lactancia, la alimentación de la madre es tan importante o más que durante el embarazo, ya que el desgaste es mayor; incluso puede padecer anemia por falta de las reservas adecuadas.

El principal elemento que debe estar presente y en abundancia es el ***agua***. Además de este elemento vital procurará tomar otros líquidos que le aporten sales y vitaminas, como ***zumos de frutos*** y ***verduras frescas crudas***.

Las ***infusiones*** recomendadas son el hinojo, anís y malta. Sin embargo, el alimento que da gran abundancia y calidad a la leche es el licuado de ***alfalfa***. Sus excelentes propiedades y valor nutritivo lo convierten en un alimento de primera línea. Contiene abundante hierro, calcio y fósforo entre las sales minerales; proteínas, vitaminas y gran cantidad de alimentos desintoxicantes, antitóxicos y enzimas. Véase la forma de preparación en la pág. 88. Puede guardarse en el refrigerador durante varios días y tomarse a cualquier hora, entre comidas o durante ellas, siempre que se tenga sed y en lugar del agua. Para que por la mañana la calidad y cantidad de leche sea abundante se aconseja tomar al menos un vaso de este gran alimento.

Conviene asimismo incluir en al dieta ***frutos secos*** (almendras, nueces, avellanas, etc.), semillas de sésamo y chufas, que pueden ingerirse en forma de «horchatas».

Las ***sopas*** y las ***ensaladas de verduras crudas*** deben estar muy presentes en la alimentación, así como los productos lácteos.

Media hora de ***sol***, por lo menos, es muy aconsejable para formar la vitamina D, tan necesaria para la madre y el niño.

Alimentos que deben evitarse

En ningún caso se debe ingerir ***alcohol*** o fumar ***tabaco***. Tanto el alcohol como la nicotina y los alquitranes del tabaco se eliminan en gran parte a través de la leche materna. Los efectos en el niño son diarreas, vómitos, intranquilidad, palpitaciones, y en algunos casos convulsiones, además de disminuir el aumento de talla y peso.

Otro de los alimentos a evitar son las ***bebidas excitantes*** (café, té, refrescos de cola) por su contenido en cafeína y los ***medicamentos***. La cafeína no solo es perjudicial en el momento de la ingesta por producir en el niño irritabilidad, insomnio, diarreas, etc., sino también por la dependencia y los hábitos que estas sustancias pueden provocar más adelante.

Hay que evitar también las comidas excesivamente condimentadas; así como aquellos alimentos que produzcan gases (alubias, garbanzos, coles...) o bien, aquellos que dan mal sabor a la leche, como el ajo, la cebolla en abundancia y los espárragos.

Entre los diversos productos tóxicos que deben evitarse, destaquemos como resumen:

— tóxicos medicamentosos, por ejemplo: el Diacepam;

— tóxicos ecológicos: DDT y otros insecticidas;

— tóxicos sociales: tabaco, alcohol, cafeína y otras drogas.

Recordemos que diez cigarrillos al día tienen la cantidad suficiente de nicotina para dañar las neuronas cerebrales del bebé.

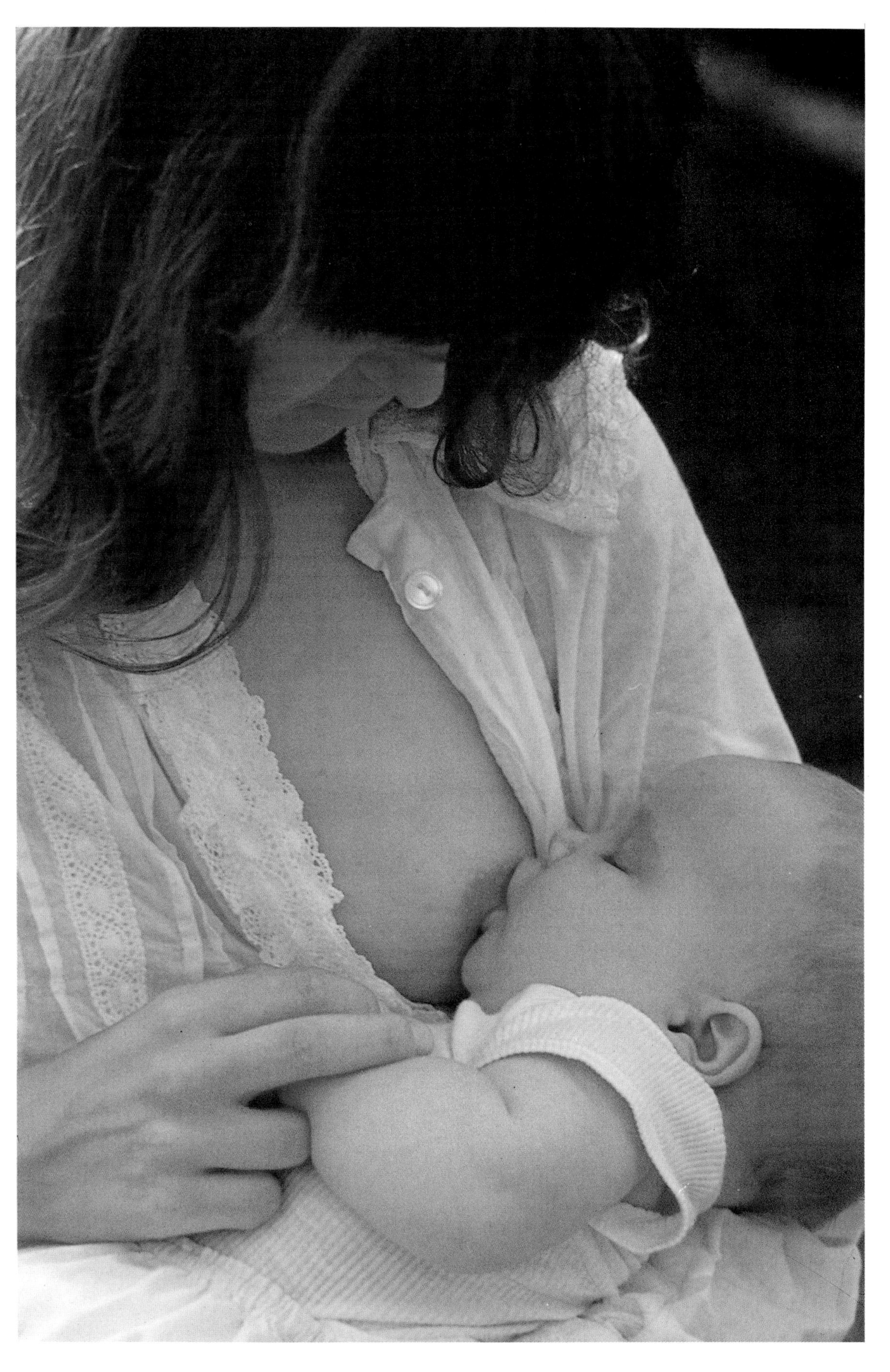

NORMAS PARA AMAMANTAR

Primeras doce horas

Como se expuso al principio del capítulo anterior, al niño no se le proporcionará alimento hasta pasadas 12 horas del nacimiento.

Durante este tiempo se le dará suero glucosado cada 3 horas. Es conveniente poner el niño al pecho durante el primer día de vida durante 2 minutos aproximadamente para así empezar a estimular la secreción láctea.

Duración de cada tetada

Pasadas las 12 horas, la madre debe amamantar al hijo durante 5 a 10 minutos en cada pecho (durante la primera semana). En estos primeros minutos el bebé obtiene casi toda la leche; prolongar la tetada solo supondría una maceración del pezón, con la consiguiente aparición de grietas y el aumento de aerofagia (deglución de aire junto con el alimento) en el niño.

A partir de la semana del nacimiento se dejará de 10 a 15 minutos de cada lado, nunca más, por la misma razón. Cuando el pezón esté más endurecido dejaremos que el bebé vacíe un pecho antes de comenzar con el otro.

Número de tetadas

Durante los 3 ó 4 primeros días, en los que ya existe secreción calostral, se pondrá al bebé al pecho unas 7 veces al día con intervalos de 3 horas. El resto del primer mes no es aconsejable hacerle una reglamentación severa de las tomas; así, el niño podrá mamar un máximo de 8 veces al día para estimular la secreción láctea y para el correcto aprendizaje de la succión.

Pasado el primer mes se recomienda una reglamentación de la lactancia siguiendo estas técnicas:

- ***Regla de Marfan*** (escuela francesa): una toma cada 3 horas y un número total de 7 al día, con descanso nocturno de 6 horas. Horario: 6, 9, 12, 15, 18, 21 y 24 horas.
- ***Regla de Czerny*** (escuela alemana): cada 4 horas y en número de 5 tomas diarias, con descanso nocturno de 8 horas. Horario: 7, 11, 15, 19 y 23 horas.

Cualquiera de estas dos técnicas es aplicable, pero las dos tienen una regla en común que ninguna madre se debería saltar: *no dar el pecho durante la noche*. El descanso de 6 u 8 horas sin alimento es necesario para el niño (para que descansen sus órganos internos y se regule la absorción del alimento) y también para la madre, ya que un buen descanso proporciona abundancia y calidad en la leche, así como buenos sentimientos hacia el bebé; por el contrario, la falta de descanso en la madre disminuye la cantidad y calidad de la leche.

¿Qué hacer si el niño pide alimento por la noche?

El niño tomará su último alimento a las 11 ó 12 de la noche y no reanudará su alimentación hasta las 6 ó 7 de la mañana.

Si en el curso de la noche pidiera de comer, se le administrará un poco de manzanilla endulzada y a pequeños sorbos, nunca leche u otro alimento, a pesar de que llore sin cesar durante algún tiempo y no se quede satisfecho con la manzanilla.

La «prueba» más difícil está en los padres, ya que se cede con facilidad ante el llanto del niño y sobre todo durante el horario nocturno. Si conseguimos negarle el alimento durante 3 ó 5 días, pronto se acostumbrará y diferenciará el tiempo de descanso del de vigilia, lo que permitirá regular notablemente la vida de los padres y del niño. De esta forma no pedirá el alimento hasta las primeras horas de la mañana.

Una nueva tendencia

Con respecto al número de tomas y al horario, se está difundiendo por pediatras americanos, el llamado ***Método de Autodemanda***. Consiste en dar de mamar al bebé cuando éste lo pida, es decir, cuando llore. Este método tiene su base en principios psicológicos. Algunos psicólogos sostienen la teoría de que ciertos lactantes sometidos a un régimen severo pueden llegar a desarrollar complejos de frustación.

La rigidez nunca es buena y dentro de la disciplina debe haber flexibilidad. De todas formas, creemos que el método de autodemanda no es aconsejable, pues el niño alimentado de esta forma suele ser irritable, caprichoso y excesivamente dependiente de la madre. En algunos casos se corre el riesgo de administrar al bebé alimento cuando llora

por un dolor de estómago, gases u otra dolencia en su aparato digestivo. Con lo que la ingestión de leche aún le perjudicaría.

Se sabe también que no hay una correspondencia entre lo que se come (apetito) y lo que realmente necesita el organismo. Normalmente se suele comer más de lo necesario.

En resumen, deben tenderse a una lactancia reglada, pero no muy severa. Siempre hay días en que el niño pide su alimento poco antes de las 3 horas y otros en los que a las 3 ó 4 horas de su última ingesta aún no tiene apetito. En estos casos, se atrasa o adelanta un poco el tiempo de la mamada.

Cómo dar el pecho

Durante las primeras mamadas, y mientras la madre se halle en la cama, se colocará el niño cerca de ella. En cuanto a la postura, si la madre se encuentra ***sentada*** en la cama, puede ponerlo sobre sus brazos procurando apoyar el codo del brazo que sujeta la cabeza del niño sobre una almohada o similar.

Si la madre está ***acostada*** puede moverse hacia un lado, de tal forma que quede apoyada sobre su cadera. Acercará el bebé hacia el pecho de modo que éste quede tumbado en la cama con la cabeza sobre el brazo de la madre o un cojín. Para asegurar la estabilidad de la postura, la madre puede ponerse una almohada en la espalda.

En cuanto a la ***técnica***, junto al extremo del pezón debe introducirse también una parte de la areola, a fin de evitar la aparición de grietas. Al cabo de unos segundos de succión, la secreción láctea sale al exterior. Hay que tener siempre la precaución de que el niño no esté totalmente horizontal a fin de evitarle dolencias de oído; el conducto del oído del bebé es más corto y ancho que el del adulto, por lo que puede pasar leche de la garganta a éste y producir infección e inflamación.

Cuando la madre se halla ***levantada***, puede situarse en una silla baja y cómoda. Si es necesario, puede incluso poner los pies encima de un pequeño taburete para mantener sus rodillas más altas y de este modo sujetar con comodidad al niño.

Si la madre tiene abundante leche, solo le dará de un pecho en cada toma, empezando la siguiente tetada por el pecho que no lactó el bebé. Si por el contrario no tiene mucha secreción conviene dar de los dos pechos cada vez, empezando por el que fue el último en la tetada anterior.

Es muy importante que mientras el bebé esté lactando la madre se rodee de una ***ambiente*** tranquilo y silencioso para evitar que el niño se distraiga o intranquilice. La atención de la madre debe estar centrada en él, dejando la lectura, la televisión o la conversación que le ausente de este maravilloso acto. El vínculo que se establece durante la lactancia entre madre y niño se

acrecienta si la mujer hace de este período una etapa consciente, tratando de dar a su hijo el máximo afecto posible.

Nunca se debe dar el pecho cuando la madre se halle sobresaltada, con ansiedad, tensión o estados emocionales negativos. Estas alteraciones provocan el vertido a la sangre de adrenalina, una hormona, que tiene efecto excitante. Esta hormona pasa a formar parte de la leche, ocasionando en el niño trastornos nerviosos o gastrointestinales.

Al final de cada tetada el niño debe ***expulsar el aire*** que ha ingerido junto con el alimento, de no hacerlo así puede sentir molestias en el vientre, y con más frecuencia presentar vómitos después de la ingesta.

La postura ideal para ayudarle a expulsar el aire es la siguiente: se coge al niño en posición vertical y se le apoya contra el hombro y el pecho del adulto, se le presiona la cintura y la espalda ligeramente hacia dentro o se le dan suaves golpes.

Higiene de las mamas

Es muy importante la higiene de las mamas, especialmente en pezones y areolas que deben lavarse cuidadosamente con agua hervida antes y después de las mamadas. El jabón y el alcohol es preferible no utilizarlos, ya que resecan el pezón. El agua esterilizada se puede guardar en una botella previamente hervida (es conveniente que tenga vaporizador para poder aplicar el agua directamente de la botella a la mama).

Después del lavado, se pondrá una gasa estéril sobre el pezón, y en caso de tener propensión a las grietas se untará con pomada antigrietas, asegurándonos de que la marca utilizada contenga vitaminas regeneradoras de la piel.

El pezón se limpiará cuidadosamente antes de cada mamada. El sujetador no debe apretar demasiado y debe cambiarse siempre que se moje de leche.

Higiene en la alimentación de la madre

Debe ser variada y completa, procurando evitar los productos tóxicos y excitantes a los que ya se aludió.

La alimentación equilibrada de la madre es de vital importancia para la formación correcta de los órganos del niño y su buen funcionamiento.

Desaconsejamos las carnes, pescados y mariscos por lo expuesto al principio de la obra, procurando sustituirlos por alimentos más saludables como leche, huevos, yogur, quesos, frutos secos, legumbres, verduras crudas, frutas frescas, cereales, polen, levadura de cerveza, germen de trigo, etc.

La mujer que lacta, a ser posible, no modificará su actividad habitual. El trabajo físico debe ser moderado, procurando evitar los deportes competitivos o que requieran un gran esfuerzo físico, por la consiguiente liberación de adrenalina.

LACTANCIA EN CASOS ESPECIALES

En caso de cesárea

Antes de iniciar el alumbramiento debe comentarse con el ginecólogo la intención de dar el pecho en caso de cesárea; pues en algunas clínicas se acostumbra administrar una sustancia que evita la subida de la leche, bien con la anestesia o bien después del parto junto con algunos medicamentos post-operatorios.

No se debe dar el pecho al bebé hasta estar seguros de que se han eliminado la anestesia y los medicamentos fuertes. Mientras tanto, se le puede dar suero glucosado; y si transcurren más de 12-24 horas se le administrará leche adaptada a cucharadas. Una vez pasados dos días aproximadamente se puede comenzar la experiencia de amamantar.

En caso de gemelos

En un principio no suele haber más problemas que los que se tendrían en caso de un solo niño, ya que hasta los 15 días (si se tiene una cantidad normal de leche) bastaría con dar de un solo pecho a cada bebé.

Si observamos que los niños quedan insatisfechos, se les ayuda con leche mecanizada, que se les administrará después de darles el pecho y con cuchara a fin de que no rechacen el pecho posteriormente, como ocurre cuando se les administra con biberón.

En caso de prematuros

Para recolectar y conservar la leche materna, cada tres horas debe procederse a exprimir las mamas. La leche recolectada se puede guardar en sitio esterilizado y fresco. Cada 24 horas se llevará la leche de la madre a la clínica. Muchas madres responsables han vivido esta experiencia con éxito durante semanas. Los resultados son muy gratificantes para la madre y el niño.

Los estudios realizados han demostrado que los niños prematuros alimentados con leche materna aumentan de peso con mayor rapidez que los alimentados con leches maternizadas, y tienen mayor resistencia y defensa ante infecciones y trastornos digestivos. Los bebés, pues, dejan antes la incubadora e inician sus relaciones familiares, tan importantes, en los primeros días de vida.

La sanidad francesa está poniendo en práctica esta medida; incluso se recoge leche de mujeres que se ofrecen a dar este preciado alimento (normalmente en los casos de madres con exceso de leche), que luego es administrado a niños prematuros. Los resultados son muy satisfactorios.

El vaciado de las mamas se hace con un instrumento llamado «sacaleches», de venta en farmacias.

Si el bebé es prematuro, pero pesa más de 2.500 g. no necesita incubadora y se realizará la lactancia de forma normal (por supuesto, siempre que el niño tenga reflejo de succión).

En el caso contrario, la madre se ordeñará con un sacaleches, y administrará el alimento a cucharadas al niño hasta que aprenda el mecanismo de succión. La finalidad de utilizar la cuchara es evitar que el bebé se habitue al biberón y rechace luego el pecho.

Si el peso del bebé es bajo, se le darán entre siete y ocho tomas durante un mes aproximadamente, tiempo en el que suele regular su peso. El número de tomas a partir de entonces será de 6 a 7, dependiendo del método adoptado y las tendencias del niño.

Si este permanece en la incubadora, conviene que la madre realice el ordeño diario de las mamas para estimular la secreción y evitar la bajada de la leche. Una vez que el niño esté en casa se podrá iniciar la lactancia natural.

VENTAJAS DE LA LACTANCIA MATERNA

Para el niño

• La composición de la leche materna es óptima. La leche de mujer está especialmente adaptada a las especiales características digestivas y metabólicas del lactante.
• Proporciona una mejor digestión por ser suero homólogo y con mayor contenido en enzimas.
• La temperatura de la leche es la adecuada.
• La leche es siempre fresca, libre de contaminaciones y adulteraciones. Si la mama está libre de infecciones y los pechos están en condiciones de amamantar, supone la mayor manera de liberar al lactante de bacterias y otros organismos que puedan contaminar la leche en otros métodos de lactancia.
• Proporciona mayor protección inmunológica ya que contiene anticuerpos específicos de acción local en el intestino (se ha comprobado un aumento de anti-Escherichiacoli en la leche materna, incluso en proporción más elevada que en el mismo plasma de la madre, así como de antitoxinas tetánica y diftérica, aglutininas antitíficas y antivirus de sarampión, polio, paratiditis, etc.). Como consecuencia, las epidemias de diarrea en los lactantes de pecho son excepcionales, y algunas formas de ellas, como la enterocolitis necrotizante, no se han descrito en lactantes naturales.
• Menor riesgo de sensibilizaciones alérgicas derivadas del carácter homólogo de las proteínas de la leche de mujer.
• Menor alimento en niños prematuros.
• Mejor evolución psicológica. Permite iniciar mejor las relaciones afectivas materno-filiales, y se logra mayor estabilidad emocional y mejor desarrollo psicoafectivo en el niño.
• Evita la obesidad precoz, debido a su composición equilibrada.

Para la madre

• Establece sobre todo una relación afectiva y emocional muy necesaria entre madre e hijo, favoreciendo la unión entre ambos.
• Es mucho más práctica (no hay que preparar nada).
• Más económica.
• Se ha visto que existe una menor frecuencia de cáncer de mama en mujeres que han dado de mamar.
• Se produce una rápida involución uterina (retorno al tamaño normal del útero), lo que evita las hemorragias después del parto y favorece una rápida recuperación.
• Retrasa la ovulación, actuando en ocasiones como anticonceptivo.

SITUACIONES EN LAS QUE NO SE DEBE DAR EL PECHO

Prácticamente el noventa por ciento de las mujeres pueden amamantar a sus hijos. No obstante, existen algunas contraindicaciones que pueden tener su origen en enfermedades de la madre o anomalías o enfermedades del niño. Pueden resumirse de la siguiente forma:

En la madre

— sífilis, tuberculosis;
— infecciones agudas (neumonía, fiebre tifoidea);
— enfermedades orgánicas graves (cardiopatías, hepatopatías, nefropatías);
— enfermedades de tipo epiléptico;
— anomalías en las mamas o el pezón;
— mastitis (inflamación de las mamas), hipogalactia, etc.

En caso de enfermedades pasajeras, se puede proceder al ordeño de las mamas durante el tiempo de la enfermedad, dando al bebé leche maternizada pero retirando artificialmente la leche materna para evitar su bajada.

En el niño

— enfermedades graves (ictericia grave, etc.)
— enfermedades congénitas del metabolismo (destacando, por ejemplo, galactosemia, fenilcetonuria, alactasia);
— malformaciones del aparato digestivo (como esteriosis pilórica...);
— parálisis facial;
— anomalías anatómicas de la boca (como pueden ser labio leporino, macroglosia, fisura velopalatina...).

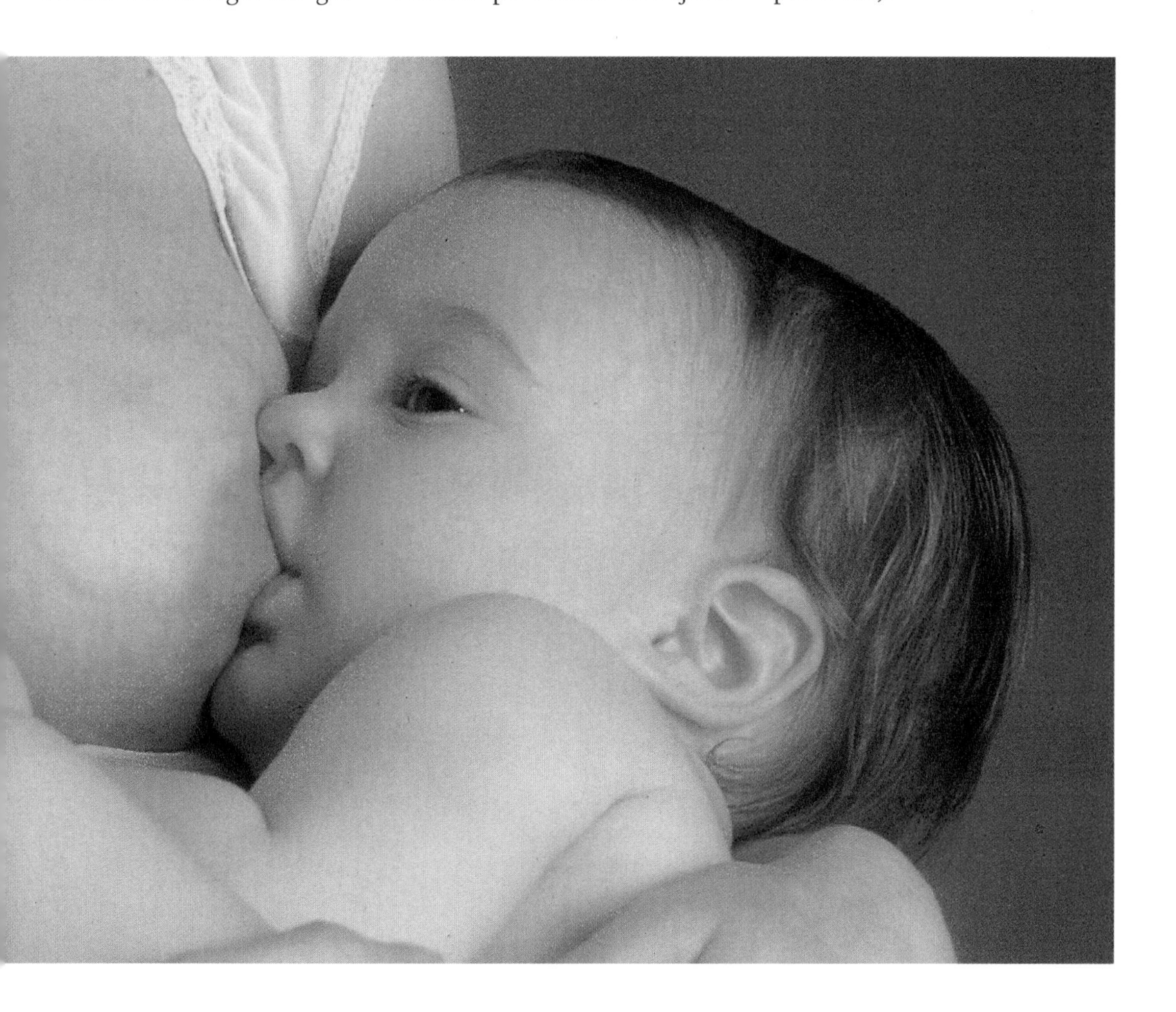

INCIDENTES DESPUÉS DE INICIADA LA LACTANCIA

Grietas en los pezones

Se producen principalmente en los primeros días de la lactancia. El pezón, todavía no formado para esta misión, se ablanda por la succión del bebé, lo que produce las llamadas grietas.

Como medida preventiva se recomienda que unos quince días antes del parto se aplique pomada antigrietas en los pezones y durante todo el embarazo chorros de agua fría para endurecerlos. Se aconseja esta práctica durante toda la lactancia para fortalecer el pezón y estimular el riego sanguíneo.

La higiene es muy importante (ver apartado «higiene de las mamas», pág. 47). Recordemos que no debe ponerse el bebé más de 10 minutos en cada pecho durante los primeros días.

Galactoforitis

Es la infección de los productos galactóforos de la mama, lo que popularmente se llama «caños tapados».

El tratamiento es la utilización de calor local en el pecho. Un remedio muy casero y efectivo es la aplicación de cataplasmas de miga de pan y leche caliente sobre la mama. Se prepara de la siguiente forma: una vez caliente la leche, se vierte sobre la miga de pan, se amasa todo junto y se extiende sobre un paño, cuando la masa está todavía bien caliente. Se cubre luego con otro paño y se deposita sobre el pecho durante 20 minutos, procurando mantener esta zona caliente. La cataplasma se utiliza cuantas veces sea necesaria hasta la desaparición de la obstrucción. En algunos casos se utilizarán antibióticos, previa consulta con el especialista. En estos casos hay que suspender la lactancia durante un tiempo.

Mastitis

A partir del proceso anterior puede llegar a desarrollarse una mastitis o absceso mamario. Los síntomas son: fiebre, dolor, calor, enrojecimiento y tumefacción de la mama. En este caso también debe suspenderse la lactancia inmediatamente.

Prevención: Siempre que palpemos un pequeño abultamiento y endurecimiento en la mama que indique obstrucción de alguna parte de ésta, se aplicará la cataplasma mencionada en la galactoforitis.

Es muy importante la higiene para su prevención. En ocasiones se hace necesaria la utilización de antibióticos.

En los casos en que el absceso (acúmulo de pus) esté maduro, se nota porque al apretarlo fluctúa. El médico debe proceder entonces a abrirlo.

Nuevo embarazo

Si el bebé es pequeño, se podría mantener el pecho los dos primeros meses de embarazo, pero nunca después de las 20 semanas de gestación.

LACTANCIA ARTIFICIAL: útil en caso de necesidad. Tipos de alimentación artificial en el lactante sano

Recibe el nombre de lactancia artificial la alimentación fundamentada en la administración al niño de leche heteróloga, distinta a la leche de mujer.

Habitualmente se trata de leche de otros mamíferos: vaca, cabra, burra, etc., más o menos modificadas. Hay también sustitutos de la leche de procedencia vegetal, como la leche de soja y almendra, que junto con otras similares se utilizan en circunstancias especiales.

La más común es a base de leche de vaca, utilizada en sus diversas formas: natural, condensada, evaporada, acidificada y en polvo.

• ***Leche de vaca natural***: Al ser esta leche especialmente fuerte para el lactante, y complicado el proceso de adaptación para el recién nacido, conviene utilizarla a partir de los diez o doce meses de edad diluyéndola, en un principio, en una tercera parte de agua, hasta que el bebé se adapte perfectamente.

• ***Leche condensada***: Es una leche concentrada, homogeneizada y azucarada. Su composición está notablemente desequilibra-

da: es muy rica en azúcares y pobre en los demás principios nutritivos.

• ***Leche evaporada***: Es leche concentrada, homogeneizada y no azucarada. Aconsejable para lactantes mayores de once meses.

• ***Leche acidificada***: Se trata de leche natural que se ha acidificado. En la actualidad no se aconseja su empleo en la alimentación del lactante sano.

• ***Leche en polvo***: Ha perdido prácticamente toda el agua, y ha quedado reducida a una sustancia pulverulenta de color amarillo.

Esta leche ocupa el primer lugar dentro de la lactancia artificial, gracias a sus ventajas frente a las demás leches artificiales: es estéril, se conserva bien, su uso es fácil y es rica en proteínas, aparte de las posibles adiciones de suplementos y modificaciones en los principios fundamentales de su fórmula.

El inconveniente es que es cara, pobre en vitaminas y en algunos casos puede producir intolerancias en el bebé.

Son frecuentes los errores en su empleo, sobre todo en madres que quieren un rápido aumento de peso del lactante y aumentan la proporción de leche en polvo por volumen de agua. Aparecen entonces la fiebre de sed, trastornos digestivos, deshidrataciones, etc.

Diferentes tipos de leche en polvo

• ***Entera***: la leche original solo se ha desecado; cuando se añade agua resulta como una leche de vaca completa.

• ***Parcialmente modificada***: Se le han hecho una o varias modificaciones, de modo que cuando se le añade agua resulta una leche cuya composición se asemeja a la de mujer.

• ***Adaptada***: En 1976 se encontró una leche sustitutiva, parcial o totalmente, de la leche de mujer, cubriendo así las necesidades nutritivas normales del lactante. El término para este tipo de leche es el de «Fórmula Infantil». Hay dos tipos: *la fórmula inicial adaptada*, llamada también «leche de la primera etapa» que tiene por objeto cubrir por sí sola las necesidades nutritivas del lactante durante los primeros cuatro o cinco meses de vida, y la *leche de seguimiento* o fórmula complementaria, que se utiliza a partir de los 5 meses y después de haber empleado la leche de la primera etapa. Hablaremos un poco de ellas.

La leche adaptada

La fórmula inicial está especialmente adaptada a la fisiología del recién nacido. Una fórmula inicial adaptada se deberá parecer al máximo a la leche materna en su composición. No deberá contener almidón, harina o azúcar; no estará acidificada, ni incluirá los llamados «factores de crecimiento», miel o sustancias espesantes. Deben evitarse asimismo los exceso de minerales. Los principales carbohidratos para proporcionar energía serán los disacáridos u olisacáridos, con preferencia sobre los monosacáridos, y en especial la lactosa. El 50% del componente energético se administrará en forma de grasas.

La leche de seguimiento

Se utiliza a partir del 5º mes de vida. Tiene más proteínas que la leche adaptada y contiene como carbohidrato la dextrinomaltosa además de la lactosa. Está suplementada con hierro, hecho importante, pues a partir de los 3-4 meses se agotan los depósitos del niño, los cuales se forman en los últimos meses de embarazo y en el parto hasta el momento de cortar el cordón umbilical.

La concentración de grasas es inferior al 50%, en cambio aumenta la concentración de calcio por aumentar también las necesidades del lactante.

En lactancia artificial, este tipo de leches son las más convenientes, ya que se acercan más a la leche de mujer.

TÉCNICA DE LA LACTANCIA ARTIFICIAL

Cuando se utiliza leche en polvo, la primera precaución que debe tomarse es utilizar la medida exacta de leche y de agua. Normalmente, 125 g. de polvo corresponden a 875 ml. de agua. No obstante, esta cantidad varía según la marca. Lo más aconsejable es seguir con exactitud las instrucciones de la marca que se utilice.

Tendremos la precaución de hervir convenientemente el agua y el biberón. Se debe preparar el biberón en cada toma y administrarlo a 37-40 °C, aunque en los meses de verano se aconseja darlo a temperatura ambiente, o más bien por debajo de ésta, pues los lactantes toleran muy bien el alimento frío e incluso en algunos casos se ha visto que disminuye la tendencia al vómito.

Número de tomas

El método de Dr. Czerny es el ideal para la lactancia artificial: un biberón cada 4 horas, 6 veces al día, en menores de 2 meses y medio y 5 veces al día, con descanso nocturno, en los lactantes mayores.

Se aconseja, pues dejar intervalos más largos entre las tomas con relación a la lactancia natural, ya que la digestión gástrica de la leche artificial es más lenta y conviene mantener por tanto una reglamentación más estricta.

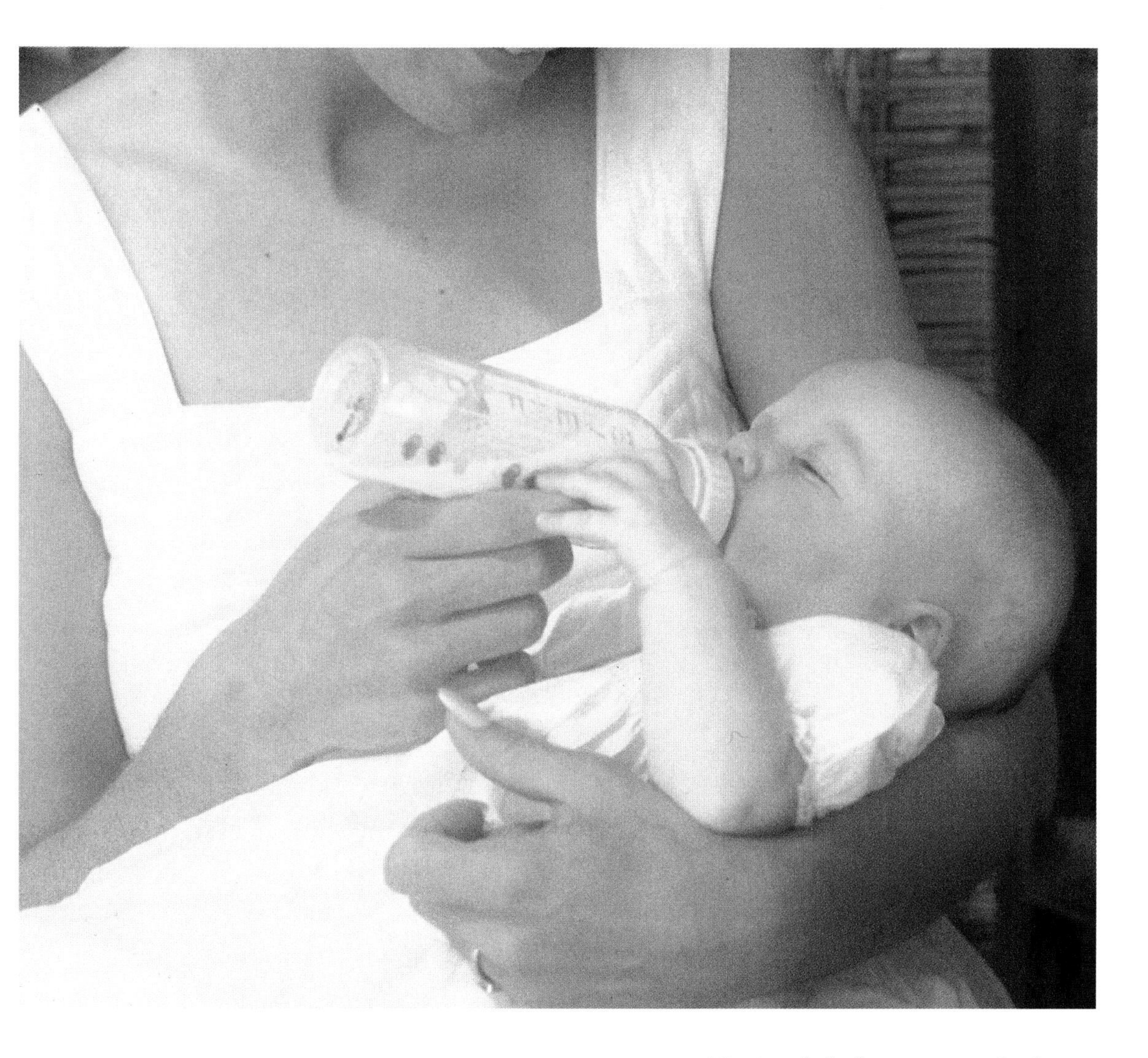

LACTANCIA MIXTA

En la lactancia mixta el lactante recibe, junto a la secreción láctea de la madre, leche de otro tipo.

Suele realizarse con los siguientes métodos:

• ***Método alternante***: En una toma el lactante recibe pecho y en la siguiente leche adaptada. Este método tiene el inconveniente de que el bebé estimula poca la secreción láctea, pudiendo acabar a la larga en *agalactia* o falta de leche en la madre.

• ***Método coincidente***: En cada toma el bebé recibe pecho y biberón. Se recomienda dar primero de mamar y posteriormente el tipo de leche elegida. Hay que tener en cuenta que si esta última leche se le administra en biberón pronto dejará el pecho, ya que es más cómoda la succión del biberón que de la mama. Por ello, aconsejamos que se le de a cucharadas, trabajo más pesado para la madre pero con mejores resultados para ambos, pues el bebé seguirá tomando el pecho.

Indicaciones de la lactancia mixta

• En las hipogalactias, que pueden ser de causa desconocida o secundarias a mastitis del pezón o infecciones; o también en las psicosis de la madre.
• En madres que por motivos sociales o de trabajo no pueden permanecer en casa durante todas las tomas.
• En partos múltiples.
• En algunas afecciones del lactante como diátesis neuropática, vómitos por hernia de hiato, etc.

Inconvenientes de la lactancia mixta

• Favorece la agalactia, ya que el niño acaba por preferir el biberón (de aquí la importancia de utilizar la cuchara).
• Dificultad para establecer la cantidad necesaria para el suplemento (se aconseja controlar el peso del niño). Se aumentará poco a poco la cantidad suplementaria si el niño no vomita, no tiene diarreas o si no engorda demasiado.

INTOLERANCIA A LA LECHE MATERNA O A LA LACTANCIA ARTIFICIAL O MIXTA

La ***leche de soja***, principalmente, es las más indicada para los lactantes que tengan incompatibilidades debido a una patología previa.

Este tipo de leche tiene una composición muy equilibrada. Se elabora a partir de las proteínas, glucosa, grasas insaturadas, vitaminas y minerales que contiene la semilla de soja. El bebé alimentado con esta leche necesita un aporte complementario de calcio, que puede administrarse con los preparados de venta en farmacias y tiendas de dietética.

Quien desee prepararla por sí mismo puede hacerlo, a condición de seguir una higiene estricta en todo el proceso.

Para ello se pone en remojo una taza de soja amarilla junto con cuatro tazas de agua durante una noche y a la mañana siguiente se pasa por una maquinilla manual (la utilizada tradicionalmente para trinchar carne sirve, al igual que las batidoras o licuadoras). Una vez se tiene lista la papilla, se añaden cuatro tazas más de agua mineral y se pone a hervir vigilando la subida de la leche, pues sube muy rápidamente. Se la deja hervir 30 minutos para que resulte más digestiva. Se cuela por un lienzo de muselina o gasa y ya está. Es una leche excelente en lo que respecta a grasa y proteínas, su única desventaja es la menor proporción de calcio.

TENDENCIAS EN NUTRICIÓN INFANTIL UN EJEMPLO: LOS CEREALES

Adaptación de las recetas y menús

El criterio dietético al plantear este libro se ha basado, con matices, en la medicina naturista. Los menús y recetas que se proponen a modo de ejemplo procuran adaptar al clima mediterráneo los fundamentos naturistas de la alimentación en países como Alemania, Suiza o Austria, en donde el avance con respecto a nuestro país es notorio. Pero harán bien los padres atentos por la alimentación de sus hijos en *adaptar* estas propuestas; existen factores —como las preferencias en los sabores, la variedad de platos, el lugar de residencia y tipo de actividad...— que por sí solos mueven a ello. También conviene tener en cuenta el amplio mosaico de climas —en la misma Península, los agricultores de Asturias han de seguir distintos criterios que los de Alicante, por ejemplo—, y adaptar ligeramente las propuestas.

Tendencias

Junto a la alimentación basada en la medicina naturista, que es esencialmente de tipo vegetariano, existen también otras tendencias dietéticas no convencionales, como la macrobiótica, o la medicina antroposófica, ambas con aspectos interesantes. La macrobiótica es duramente cuestionada, pero resulta innegable su mérito en la revalorización de los cereales biológicos e integrales. Si se aprovechan algunas de sus aportaciones y productos sin fanatismos, la macrobiótica se convierte en un complemento eficaz para la alimentación, incluso de los niños. En cambio puede resultar peligrosa si se sigue fanáticamente, convirtiéndose en un círculo cerrado con riesgos de generar desajustes en la dieta.

Antroposofía y desarrollo integral

Esta preocupación no existe en el caso de la medicina antroposófica, desarrollada en Alemania a partir de las extraordinarias intuiciones e investigaciones de Rudolf Steiner. Como a menudo hemos comentado en la revista «Integral», gracias a Steiner hoy conocemos el método biodinámico en agricultura ecológica, en farmacia, medicina, higiene y cuidado personal... Conocemos el sistema pedagógico Waldorf para la enseñanza y desarrollo integral de la personalidad. O la riqueza artística y formativa de la euritmia, o las avanzadas propuestas sociales (banco ecológico alemán)...

La antroposofía recoge múltiples simbolismos y procura recuperar el misterio y el significado profundo de las cosas. Y concede una gran importancia a la formación integral del niño, alimentación incluida. El método antroposófico de alimentación infantil es muy equilibrado y recomendable. En él, los cereales tienen un importante papel que vale la pena conocer. Para más información recomendamos el libro *Nacimiento e infancia*, del Dr. Wilhelm Zur Linden (Editorial Rudolf Steiner, Madrid), del que hemos extraído los párrafos siguientes:

«Los cereales son esenciales para el ser humano desde hace miles de años. El *germen* del cereal tiene todo lo que el niño puede necesitar. Son muy ricos en minerales, lo que confiere fuerza y energía para el bebé. En niños de corta edad resultan interesantes el trigo, la cebada (laxante) y el arroz (astringente). Pueden tomarse solos, o bien los tres combinados. No conviene cambiarlos constantemente, pues el bebé necesita mucha regularidad.

»Últimamente se habla mucho de la no asimilación por parte del bebé del cereal durante los primeros meses. En realidad es bastante raro; en toda Europa, y a lo largo de varias generaciones más bien se demuestra todo lo contrario. En caso de alergia a los cereales (como decimos, muy rara en los bebés), puede recomendarse la papilla de puré de almendras. En todo caso, el maíz nunca produce este tipo de alergias, ya que no contiene la proteína del gluten. Ahora bien, en todos los casos debe *prepararse*, puesto que el bebé no puede comer ni asimilar *directamente* los alimentos; deben dársele *dextrinados* o, en general, *predigeridos*.

»A los 4 meses los niños lactantes ya pueden comer papillas de frutas, y a los 5-6 meses deben comer sin problemas una papilla de cereales. Puede darse, por ejemplo, una papilla de copos hervidos y escurridos, y finalmente molida bien fina. Existen buenos copos de cereal precocidos, como las papillas preparadas Demeter. Conviene evitar las papillas preparadas de la farmacia, porque están hechas con harinas blancas de cereales desvitalizados (sin el germen de trigo).

»Es mejor no dar a los niños cereales totalmente integrales, sino descascarillados en parte, porque de lo contrario su sistema digestivo tendería a presentar diarreas. El maíz se dará en polenta o en papillas de harina de maíz; tanto con la polenta como con los copos, el bebé se va introduciendo poco a poco con los cereales integrales, como el arroz, el mijo o la cebada. El trigo y el centeno, no tan fáciles de digerir, se dejarán para más adelante.

»Conviene tener en cuenta que las papillas están pensadas para que su sistema digestivo trabaje poco. La parte más dura deberá quedar siempre machacada o triturada, puesto que de lo contrario aparecen diarreas o gases. Los gases son muy normales durante el primer trimestre y no existe ningún producto que resuelva el problema. Sólo algunos sorbos de infusiones digestivas (con anís, por ejemplo) aliviarán ligeramente al bebé. Por eso hay que evitarlos al máximo, controlando las comidas.

»Los cereales deben hervirse con agua. Hervirlos con leche hace más difícil la cocción. Puede añadirse a las papillas algo de fruta, aceites de germen de semillas y frutos secos, todo muy bien rallado. Para endulzar algo puede emplearse la melaza de frutas o azúcar de remolacha. Si en la papilla hay fruta o compota no es necesario endulzar.

»Otros cereales, como la avena, son muy beneficiosos para el organismo. La avena aporta una cantidad relativamente elevada de proteínas, y mucha grasa. Al igual que da fogosidad al caballo, en el niño estimula el metabolismo y aporta calor a su organismo. Excepcionalmente rica en magnesio, tiene efectos benéficos para la dentición y la digestión.

»La cebada puede favorecer el estreñimiento, pero es rica en silicio, indispensable para la formación del sistema nervioso y los órganos de los sentidos.»

ALIMENTACIÓN DURANTE EL CRECIMIENTO

LA ALIMENTACIÓN EN EL PRIMER AÑO

Uno de los puntos más delicados de la alimentación del lactante es la introducción de nuevos alimentos, esencialmente porque el aparato digestivo del niño carece todavía de una flora bacteriana adecuada que le ayude a asimilar correctamente los alimentos. Los cuadros de esta página y las dos siguientes resumen la alimentación en el primer año, suministrando indicaciones precisas para cada mes. De todos modos, es importante que los padres observen atentamente a su hijo y comprueben que tolera bien un alimento antes de pasar a los siguientes. Respetando esa sencilla norma pueden ahorrarse muchas alergias y trastornos digestivos.

PRIMER MES

De 7 a 8 tomas diarias de leche.

Se le darán de 7 a 8 tomas con intervalos entre comidas de 3 horas.
La primera toma se dará a las 6 de la mañana y se descansarán 4 ó 5 horas por la noche.
Si el niño es muy grande (más de 5 kg.) se le darán un máximo de 6 ó 7 tomas.

Introducción de alimentos:
- 15 minutos antes de dos de las tomas (por ejemplo: la de las 9 de la mañana y 12 del mediodía) se le dará una cucharada de zumo casero de fruta, procurando variársela en cada toma. La uva, la mandarina y la naranja son las más adecuadas para empezar.

SEGUNDO Y TERCER MES

6 tomas de leche.

Se le establece un horario fijo de 6 de la mañana a 12 de la noche. Las tomas se administran cada 3 horas, haciendo un total de 6 al día, o bien cada 4 horas en lactancia artificial.

Introducción de alimentos:
- Antes de 3 de las tomas (ejemplo: 9 mañana, 12 mediodía y 6 de la tarde) se le da el zumo de frutas (3 cucharadas en cada toma). A las frutas citadas se añaden el melocotón, la ciruela y el limón diluido en 3 partes de agua, y jugo de tomate tamizado. Todas ellas a partir del tercer mes.
- Para endulzar infusiones o jugos se utiliza fructosa (azúcar de fruta).

CUARTO MES

6 tomas diarias de leche, de la siguiente forma:
— 1. Leche.
— 2. Leche, leche de soja o almendra.
— 3. Caldo de verduras.
— 4. Leche.
— 5. Papilla de fruta.
— 6. Leche.

Se seguirá con el horario establecido de 6 tomas diarias.

Introducción de alimentos:
- Cumplidos los cuatro meses se empezarán a dar caldos de verduras con un poco de patata, tapioca o sémola de arroz. Se tritura todo antes de darlo al niño. Procuraremos que sea más un caldo que una papilla. En esta toma se le puede introducir un poco de levadura de cerveza mezclada con la papilla (media cucharadita).
- A partir de los 4 meses y medio introducimos las papillas de fruta (naranja, manzana y pera). Si observamos por el color y consistencia de las heces que no la digiere bien, podemos cocer la fruta, preferiblemente al vapor, pelándola y cortándola después. A la papilla de fruta se añaden una o dos cucharadas de yogur.
- Una o dos veces por semana se sustituye una toma de leche por otra de leche de almendras o de soja. Si se tiene posibilidad de encontrar alfalfa fresca pueden hacerse licuados y dárselos al niño entre tomas en lugar de agua. La alfalfa tiene excelentes virtudes digestivas, diuréticas, antihemorrágicas, nutritivas, etc. (al respecto, véase la pág. 88, donde también aparece información sobre la forma de licuarla.

QUINTO MES

5 tomas diarias de leche, de la siguiente forma:
— 1. Leche.
— 2. Leche de soja, almendra o leche.
— 3. Papilla de verduras.
— 4. Papilla de fruta.
— 5. Leche.

Se la darán 5 tomas (desayuno, comida, merienda y cena).

Introducción de alimentos:
• A partir de esta edad se le introduce el arroz blanco en la dieta (mezclado con la leche o con verdura).
• Las cantidades de los alimentos mencionados aumentan.
• Yogur: 3 ó 4 cucharadas.
• La verdura se puede espesar aumentando las cantidades de patata, sémolas o tapioca. Deben quitarse las fibras de las verduras.
• Se introduce polen en la cantidad de 3/4 partes de una cucharilla 3 veces por semana. Se puede mezclar con la fruta.
• El plátano puede empezar a utilizarse. El pimiento, tomate, apio, ajo, puerro y cebolla se pueden dar crudos, mezclándolos con la papilla de verduras poco antes de su administración (ver proceso de obtención de jugos en «cómo preparar los alimentos del niño»).
• No olvidemos administrar jugos crudos de fruta.

SEXTO MES

5 tomas diarias de leche, de la siguiente forma:
— 1. Leche.
— 2. Leche de soja o almendras o leche.
— 3. Verduras y complementos.
— 4. Fruta y yogur.
— 5. Leche.

5 tomas diarias.

Introducción de alimentos:
• Huevo (solo un cuarto de la yema de un huevo) dos veces por semana. Se mezclará con la verdura.
• Yogur: medio diario, con la fruta.
• Si el niño no queda satisfecho con la fruta, se añaden a esta papilla algunas galletas de calidad.
• Se sustituye la fructosa por miel de abeja.

SÉPTIMO MES

Igual que el sexto mes.

5 tomas diarias.

Introducción de alimentos:
• Huevo: media yema cada 3 días.
• Harina de maíz con leche o verduras, 3 veces por semana en una toma.
• Arroz integral con verduras, triturado y tamizado: una vez por semana.
• Un yogur entero cada día.
• Pastas de fideos: se darán con la verdura.

OCTAVO MES

Igual que el séptimo mes, pero una de las tomas de leche será con cereales.

5 tomas diarias.

Introducción de alimentos:
• Huevo: una yema entera cada 3 días.
• Sésamo: 2 veces por semana, en forma de mantequilla.
• Harinas de trigo o avena: una toma diaria sin espesarla demasiado (ver pág. 69).

NOVENO MES

Igual que el octavo mes.

5 tomas diarias.

Introducción de alimentos:
- Queso fresco: 3 veces por semana. Para que esté más blando se puede calentar brevemente en la sartén con una pizca de mantequilla.
- Sésamo en horchata.
- Mantequilla.
- Leche de vaca diluida en agua en la proporción de tres partes de leche y una de agua. Esta leche, si la tolera bien, sustituirá totalmente a la leche adaptada.

DÉCIMO Y ONCEAVO MES

Igual que el noveno mes.

5 tomas diarias.

Introducción de alimentos:
- Harina de soja cocida con leche.
- Nata.
- Polen: una cucharada 3 veces por semana.
- Al final de los 11 meses: germen de trigo, media cucharadita, una vez por semana. Semillas germinadas: se cocinan con las verduras y se trituran.

DOCEAVO MES

Igual que el onceavo mes.

5 tomas diarias.

Introducción de alimentos:
- Huevo entero cada 3 días.
- Leche de vaca entera.
- Jalea real.
- Sésamo triturado o en horchata.
- Legumbres secas tamizadas.
- Fruta seca triturada.
- Preparados de soja: carnes vegetales, patés, etc.
- Lecitina de soja, 2 veces por semana.
- Al final de los 12 meses, harinas de cereales integrales con leche o caldo de verduras.

A PARTIR DEL AÑO

Se dice que a partir del año, el niño puede comer de todo. Es muy importante que no se incluyan todos los alimentos en un mismo día. Cada semana podemos introducirle un nuevo alimento; así sabremos la reacción de tolerancia del niño con respecto al alimento nuevo.

En los apartados «Propiedades de los principales alimentos complementarios» (pág. 80) y «Alimentos de origen animal» (pág. 91) encontrará la forma de preparación y propiedades de todos los alimentos aquí mencionados.

Consejos para el primer año de vida

• Siempre que se pueda, no se privará al recién nacido de leche materna; como mínimo se mantendrá la lactancia hasta los cuatro meses, aunque lo aconsejable es amamantar al bebé hasta los 6 meses.

• No se introducirán nuevos alimentos en grandes cantidades. Se observará siempre si los digiere bien o si se producen anomalías: vómitos, diarreas, etc.

• No se darán verduras de hoja (espinaca, acelga, col, coliflor, etc.) hasta el año de edad, pues su alto contenido en celulosa irrita el intestino del bebé; por el mismo motivo tampoco se darán cereales integrales hasta el año de vida (exceptuando el arroz integral y la harina de maíz, que se pueden dar enteros pero tamizados).

• Durante el primer año de vida no se debe dar azúcar blanco, ni sal ni gluten (ni cereales que lo contengan), tampoco leche entera ni huevo completo.

• No se abusará de las harinas malteadas (predigeridas), cómodas para la madre porque no necesitan cocción, pero perjudiciales para el niño si se le dan en abundancia.

• Lo ideal es que se dé una toma al día, sin hacer la papilla muy espesa, y a partir de los 7 meses. Este tipo de harinas tienen un alto contenido en hidratos de carbono y son pobres en los demás elementos, es decir, engordan pero no alimentan.

• No se mezclarán los cereales en una sola toma, pues como mínimo hasta las dos años y medio de vida son incompatibles y de difícil digestión, pudiendo producir gases, estreñimiento, digestiones lentas, etc.

• Acostumbraremos al niño a los zumos de frutas y verduras crudos. Si al bebé no le gusta el sabor, se mezclan estos zumos con las papillas de verduras y frutas poco antes de consumirlos.

• Procuraremos habituar al niño a las infusiones.

• El aire, el sol y el agua son también «alimentos» y no conviene descuidar este tema tan importante. Véase al respecto el apartado «La otra alimentación» (pág. 105).

• No se dará alimento al bebé fuera de su horario de comidas.

• Si rehúsa tomar las papillas de verduras (las saladas), durante los primeros meses se le pueden endulzar con un poco de fructosa.

El destete

Debe efectuarse de forma gradual. En ningún caso se debe destetar a un niño de forma brusca (salvo casos de necesidad extrema), ya que ello le puede ocasionar trastornos digestivos serios.

Se aconseja no destetar al niño en los fuertes calores, pues bajo su influencia un simple trastorno digestivo puede agravarse.

Se debe comenzar a sustituir las tetadas por alimento a partir de los 4 meses, e ir disminuyendo su número hasta su total destete (de los 8 a 11 meses). Recordemos que el uso prolongado y exclusivo de leche produce anemia.

CÓMO HACERLO

• ***Durante los tres primeros meses***: se sustituyen las tomas de leche materna por leche maternizada, evitándose en cualquier caso el cambio brusco. Se aconseja ir alternando las dos leches hasta el destete definitivo, observando en todo momento la reacción del niño al nuevo alimento.

• ***De los 3 a los 6 meses***: sustituye la leche materna del mismo modo que en el caso anterior, tratando siempre de mantener hasta el final la mamada de la mañana.

• ***De los 6 meses en adelante***: igual que en el caso anterior, o bien reemplazando la leche maternizada por leche de vaca diluida. Al año, la leche de vaca se le pueda dar entera.

Cómo se preparan los alimentos del niño

VERDURAS

Empiezan a introducirse en el régimen en forma de zumo a partir del segundo mes de vida; a los cuatro meses el caldo de su cocción; y hacia el quinto mes en papillas y mezcladas con féculas.

El bebé va necesitando progresivamente el aporte de cantidades mayores de sales minerales (sobre todo hierro y cobre) que la dieta exclusivamente a base de leche no puede aportar.

La fuente indiscutible de estos alimentos son las verduras, que aportan además clorofila y vitaminas.

CÓMO SE PREPARAN LAS VERDURAS PARA CONSERVAR MEJOR SUS PROPIEDADES

Las pérdidas de sustancias nutritivas que se producen al cocinar los vegetales son debidas a los siguientes factores:

— el contacto con el aire (oxidación);
— largos tiempos de cocción;
— disolución de los nutrientes en el agua de cocción;
— altas temperaturas.

Al cocinar las verduras el mayor problema es conservar sus vitaminas, que se destruyen normalmente con el calor (excepto la vitamina A). Las proteínas, hidratos de carbono y sales minerales se disuelven en el agua de cocción.

Esta pérdida vitamínica se puede reducir cocinando las verduras y hortalizas de acuerdo con los siguientes principios:

• No dejar la verdura cortada mucho tiempo antes de cocinarla, ni dejarla sumergida en agua.
• Cuando sea necesario cortarlas, se hará en grandes porciones, para conseguir una menor superficie de contacto con el agua.
• Si se cuecen al vapor o asadas, no deben pelarse.
• La cantidad de agua empleada será la mínima, cocinando las verduras preferentemente al vapor o en recipiente normal a fuego lento.
• El líquido resultante de la cocción se utilizará para sopas, caldos o purés, aprovechando así las sustancias nutritivas disueltas en el agua.
• El tiempo de cocción será suficiente para que el vegetal quede tierno pero no deshecho.
• La verdura cocinada no se debe recalentar, pues con ello se pierden nutrientes.
• Siempre que sea posible, se añadirán una gotas de limón a las verduras para proporcionar un medio ácido que proteja sus vitaminas.

Conviene, siempre que se pueda, administrar al bebé verdura cruda a lo largo de toda su crianza, en zumo antes de la correcta masticación de los alimentos y posteriormente en forma de ensaladas.

El lavado de los vegetales ha de ser minucioso. Se remojarán en agua abundante añadiendo unas pocas gotas de lejía.

Cuanto más intenso es el color del vegetal, mayor valor vitamínico posee. Es mejor no desechar las partes verdes de las hojas.

Hay que evitar que las verduras permanezcan largo tiempo en el refrigerador, pues con ello pierden sabor y propiedades.

LAS PRIMERAS VERDURAS: CÓMO SE PREPARAN Y ADMINISTRAN AL NIÑO

• ***Obtención de zumos***: Se obtienen con la licuadora, o bien por el rayado y posterior colado de la verdura con un mazo de mortero y un colador chino.

• ***Cúando se incluyen en el régimen y qué verduras son las adecuadas para cada mes:***
— 2.º mes: zumo de tomate, una cucharada al día;
— 3.er mes: al zumo de tomate se le añade un poco de pimiento rojo y espinaca;
— 4.º mes: a los anteriores se añade el zumo de zanahoria, lechuga y acelga;
— 5.º mes: remolacha, cebolla y ajo (se aconseja que las verduras de sabor fuerte se mezclen con tomate).

La verdura cruda se puede administrar mezclada con estos alimentos (purés, guisos, asados) para disfrazar el sabor concentrado de los jugos.

Los zumos no deben contener partes duras, pieles, pepitas, etc., y se darán inmediatamente después de hacerse, ya que se oxidan y fermentan con facilidad.

Las verduras, incluso cocidas y reducidas a puré, no deben ser administradas a los bebés de menos de 3 meses; solo se utilizará el caldo (es decir separando la verdura). Éste se salará en el momento de servirlo y se le añadirá un poco de aceite crudo (de oliva preferentemente), siempre después de la cocción.

Los caldos se pueden espesar con tapioca o sémola de arroz a partir de los cuatro meses.

Hacia los 4 ó 5 meses se le podrá administrar la verdura hervida entera y en puré. Esperaremos a los 10 u 11 meses para dar verduras de hoja en hervidos o guisos, ya que a menor edad podría irritar el intestino del bebé debido a su exceso de celulosa.

La verdura utilizada para purés y caldos son los bulbos y raíces (cebolla, ajo, zanahoria, puerro, etc.), así como la alcachofas, judías verdes, apio, champiñón, tomate, etc. Cuanto más tiernas y frescas sean, mejor se digieren.

A partir de los 8 meses se pueden dar asados de verduras y patatas, que se trituran convenientemente antes de administrarlos.

LAS FRUTAS Y SU ADMINISTRACIÓN

• ***Zumos***: Dado que el lactante no tiene grandes reservas, la fruta se le debe introducir en su dieta en forma de zumo y hacia el segundo mes de vida. Las primeras frutas utilizadas serán la mandarina y la naranja; la dosis recomendada es media cucharada al día.

Poco a poco se le irá aumentando la cantidad; así, hacia el tercer mes se le darán 3 cucharaditas de zumo, repartidas entre las tomas de la mañana y la tarde. Se introduce la pera, la uva, la sandía, el melocotón y el limón, este último diluido con agua.

A los 4 meses se añadirán a las frutas ya mencionadas, la piña, la manzana, la ciruela, el albaricoque y la granada, aumentando la dosis para este mes: seis cucharadas diarias del jugo de estas frutas.

Es en el quinto mes cuando se introduce el resto de la fruta, incluidos el melón y el plátano. Durante este mes se le pueden administrar en biberón.

Por supuesto, se evitarán todas aquellas frutas a las que el niño reacciones con vómitos, gases o diarreas.

• ***Papillas***: La primera papilla se le dará a partir de los 4 meses y medio. Las frutas más indicadas para empezar con las papillas son la manzana, la pera y la naranja. Si se observase que las deposiciones son anormales es mejor asar o cocer la manzana y la pera.

El plátano, a partir de los 5 meses, hace la papilla más agradable. A los seis meses puede añadirse a la papilla medio yogur.

Si el bebé tiene tendencia al estreñimiento en invierno se preferirán la pera y la naranja: en verano, la ciruela, el melocotón y el albaricoque.

Si, por el contrario, evacúa frecuentemente y sus heces son blandas y sueltas, la manzana, el plátano y el membrillo cocido son las frutas adecuadas.

LOS CEREALES

• ***Harinas***: Aunque lo habitual sea introducir las harinas de cereales malteados (predigeridos e instantáneos en su preparación) a partir de los 4 meses las tendencias más modernas aconsejan posponer la ingestión de este tipo de harina en la dieta del bebé hasta los 7 u 8 meses de vida y en no más de una toma diaria. Los estudios realizados demuestran que los niños cuyo alimento principal es este tipo de harinas son más propensos a las enfermedades y recaídas que los bebés alimentados con alimentos más variados, en los que se incluye la fruta y la verdura. Está desapareciendo la concepción de «niño gordo» = «niño sano», insistiéndose en el desarrollo «vertical» del niño y no en el «horizontal». La salud de un be-

bé se mide por su vitalidad, su fortaleza y su desarrollo óseo.

• ***Cúando y qué harinas introducir***: Hacia el quinto mes de vida se puede empezar a administrarle al niño el arroz blanco, que se prepara cocido con verduras o leche y se tritura antes de servir.

A los 7 meses se introduce la harina de maíz, que puede prepararse de igual forma que el arroz.

El arroz integral se introduce entero entre los siete meses (tamizándolo) y al año de vida.

A los 7 u 8 meses puede darse una toma de cereales predigeridos con leche (trigo, avena, mijo...) y a los 12 meses puede recurrirse a las harinas integrales y hacer papillas caseras. Durante algún tiempo es posible tostar ligeramente la harina en el horno al mínimo para su mejor digestión.

Esta harinas se preparan cociéndolas un mínimo de 10 minutos con caldo de verduras, agua o leche.

Las sémolas se introducen a los 4 meses, exceptuando la de trigo, que por su contenido en gluten no debe ser ingerida hasta el año de vida.

El centeno y la cebada no debe ser administrados hasta los 15 meses.

• ***¿En grano o copos?*** Se introducen a partir de los 18 meses, triturándolos hasta que la correcta masticación del niño le permita tomarlos enteros.

• ***Forma de preparación y administración***: Tanto los copos, los cereales enteros como las harinas se preparan cocidas con leche o caldo de verduras.

Los copos pueden dejarse en un termo con agua muy caliente durante la noche. Al no estar expuestos a temperaturas elevadas, no pierden sus componentes nutritivos y sin embargo quedan perfectamente cocidos pasadas doce horas.

El cereal entero se puede preparar de la misma forma, requiriendo posteriormente menor tiempo de cocción.

LAS PASTAS

Se administra a partir de los 12 meses. Se utilizarán preferentemente pastas integrales por su equilibrio en elementos nutritivos.

Hasta que el niño pueda masticarlas correctamente se prepararán hervidas con caldos o salsas de verduras, triturándolas antes de administrarlas.

LAS SEMILLAS GERMINADAS

La germinación es el paso de una vida latente a la vida activa. Para que las semillas germinen son necesarias determinadas condiciones; temperatura adecuada, humedad, presencia de oxígeno, oscuridad y un sustrato adecuado.

En general, las semillas no pueden germinar recién salidas del fruto: precisan un período de reposo y «secado». Para algunas es de pocos meses, para otras de algunos años.

Las semillas con reserva amilácea (por ejemplo, los cereales) son las que se conservan durante más tiempo, pudiendo germinar transcurridos decenas de años.

• ***Por qué se utilizan las semillas germinadas y cuáles se emplean en alimentación***. Con la germinación se desencadenan grandes cambios en la estructura química de la semilla. El contacto con el oxígeno, el agua y el nitrógeno hacen aumentar notablemente la cantidad y calidad de nutrimentos, siendo los más considerables los experimentados por las proteínas.

Las semillas usadas comúnmente para germinación son el trigo, la avena, la soja verde (o judía mungo), la alfalfa, el hinojo, el cebollino, los berros, etc.

A excepción del trigo y la avena, aptos para consumir cuando su germen alcanza un milímetro, todas las demás semillas se utilizan cuando superan aproximadamente los 5 cm. de longitud.

• ***Formas de germinación de semillas***:

— Se mantienen en remojo con agua no muy fría (no inferior a los 12 grados) durante 24 horas.

— Se depositan en un recipiente plano y ancho.

— Se reparten regularmente los granos con un trapo húmedo, procurando que las semillas y el paño conserven un grado de humedad continua.

— El recipiente utilizado ha de guardarse en un armario o similar a fin de que no permanezca en contacto con la luz solar.

— No debe colocarse el recipiente cerca de una fuente de calor.

— Un día antes de su ingesta se expondrá a la luz solar, destapándolo de la cobertura utilizada.

— Una vez destapadas, se retiran las semillas que no hayan germinado.

— La duración del proceso de germinado varía según la semilla utilizada. Por ejemplo: berros, 6 a 8 días; mostaza, alfalfa, trigo y avena, 3 a 4 días; soja, 4 a 6 días.

• ***Cuándo y cómo se introducen en la dieta del niño***: Se introducen a partir de los 15 meses de vida, cociéndolas con verduras u otros alimentos y triturándolas posteriormente con el resto del alimento. Hasta la aparición de los molares en las encías no se le darán crudas, sino cocidas en ensaladas, guisos, tortillas, sopas, etc.

INFUSIONES DE PLANTAS MEDICINALES

La ***infusión*** es el resultado de verter sobre las partes blandas de las plantas agua hirviendo. Para aprovechar por completo las virtudes y el sabor de dichas hierbas, es aconsejable, una vez que el agua hierve, retirarla del fuego y verterla inmediatamente sobre las plantas, dejando tapado el segundo recipiente durante 5 minutos antes de su consumición.

El ***cocimiento*** o *decocción* se obtiene cociendo la planta durante 5 minutos aproximadamente a fuego lento. La decocción es necesaria cuando se emplean las partes duras de la planta (corteza, semilla, raíces o troncos gruesos). Una vez realizada la cocción se deja reposar de 5 a 10 minutos.

Desde muy antiguo se han empleado las plantas para mejorar y curar determinadas dolencias del organismo. La ausencia de efectos secundarios y los beneficios que nos aportan las hacen aconsejables desde los primeros meses de vida.

Por ello es importante acostumbrar al bebé desde pequeño a las infusiones, aunque el lactante no sufra dolencia alguna, a fin de que, en caso de necesitarlas, no las rechace por falta de hábito. Una infusión por semana es lo recomendable.

Cada planta tiene propiedades específicas, pero en general todas limpian el aparato digestivo, evitan la deshidratación en los mese calurosos y ayudan a los riñones en su función desintoxicadora.

He aquí las recomendadas en la lactancia y sus beneficios:

- ***Manzanilla***. Es digestiva, antiespasmódica y sirve para la limpieza de los ojos en caso de afecciones oculares.
- ***Hinojo***: Digestivo y antiespasmódico.
- ***Malva***. Actúa contra las afecciones de las vías respiratorias y calma la tos. A los bebés se le dará en la cantidad de una cucharada de malva por taza.
- ***Anís verde***. Es eficaz contra los gases intestinales.
- ***Eucalipto***. Recomendable en casos de tos e inflamación de las vías respiratorias. Durante el primer año de vida no se aconseja su ingesta, pero sí es muy eficaz poner un recipiente con el cocimiento caliente de esta planta en la habitación del bebé para que inhale sus vapores. A partir del año se puede cocer una cucharada de hojas de eucalipto por taza de agua.

En el resto de las plantas se pueden emplear hasta dos cucharadas por taza.

Condimentación de las comidas

En general, la condimentación moderada estimula el apetito y favorece la digestión, realzando el sabor de los alimentos.

En muchas ocasiones el bebé rechaza el alimento por falta de condimento adecuado.

Existen gran variedad de hierbas y verduras que sirven para este fin. Citaremos algunas: albahaca, hierbabuena y menta son plantas aromáticas que sirven para condimentar sopas, guisos, asados y ensaladas; el orégano es estimulante y digestivo; el laurel facilita la digestión.

También son aptas para la condimentación el poleo, la salvia, el tomillo, el perejil, el romero, el anís, los piñones, la cebolla, el ajo, la almendra y la avellana, el apio, la nuez moscada, el comino, la canela, el limón, la levadura de cerveza, etc.

Se evitarán los condimentos fuertes a los niños menores de 3 años (vinagre, picantes, mostaza, exceso de sal...). Hasta el primer año no conviene sazonar las comidas del niño.

LA ALIMENTACIÓN DESPUÉS DEL PRIMER AÑO DE VIDA

Necesidades de proteínas

Como hemos visto, las necesidades de proteínas disminuyen progresivamente desde el nacimiento hasta la edad adulta.

En el primer año de vida de 1,5 a 2 g. por kilo de peso y día, ya que en este tiempo se produce el mayor desarrollo; a partir de esta fecha el niño necesitará menor aporte proteico. Recordemos que en el adulto la cantidad es de menos de un gramo por kilo de peso y día.

Las necesidades proteicas serán cubiertas por una ración diaria de uno o varios de estos alimentos: leche, huevos, frutos secos, legumbres, queso y cereales. Las levaduras secas de torula, cerveza, láctica, el germen de trigo, el sésamo, el polen y las algas son otros de los muchos complementos que proporcionan proteínas al niño.

Se cuidará en un alimento la calidad de su proteína (el equilibrio en aminoácidos esenciales) y no su cantidad.

La soja y el gluten son altamente recomendables en la alimentación por su calidad y cantidad de aminoácidos.

Las carnes y pescados, aunque contienen proteínas, presentan inconvenientes, que se mencionan en el apartado «Desventajas de la carne» (pág. 33).

Necesidades de hidratos de carbono

La actividad del niño aumenta progresivamente con la edad, con lo que las necesidades de hidratos de carbono se ven también aumentadas, pues los carbohidratos son elementos que proporcionan energía. Estas necesidades varían de un niño a otro, dependiendo del clima y otros factores (actividad del niño, nerviosismo...).

A partir de ahora el niño necesitará de 6 a 7 g. por kilo de peso y día.

Los carbohidratos se encuentran en abundancia en casi todos los alimentos, exceptuando las verduras y algunas frutas, por lo que convendrá tener la precaución de no administrarlos en exceso. Se observará la evolución del peso del niño y se disminuirá la cantidad de hidratos de carbono en casos de excesivo aumento de éste, estreñimiento crónico, mucosidad nasal, etc., provocados normalmente por administrar demasiados carbohidratos y por la carencia de sales minerales y vitaminas.

Los cereales, los dulces, los frutos secos, las legumbres, las patatas, etc. son alimentos ricos en hidratos de carbono.

Necesidades de grasas

La leche materna proporciona cuatro gramos por kg. de peso y día.

A partir del año las necesidades disminuyen a 3,5 g. y así progresivamente hasta los 12 años, en que las necesidades son de 3 g. Esta proporción también varía dependiendo de la temperatura del lugar donde se viva: a menor temperatura, mayor necesidad de grasas; a temperatura elevada, menor necesidad de grasas.

A partir del año el niño puede tomar las siguientes grasas: aceites vegetales de girasol, maíz, oliva, cacahuete, soja, etc., pasta de sésamo y grasas animales: nata, mantequilla, yema de huevo, etc.

Recuérdese que el organismo no tolera bien el exceso de grasas.

Necesidades de sales minerales y vitaminas

Las necesidades en estos elementos aumentan proporcionalmente con la edad. Una dieta rica en jugos de frutas y verduras, cereales integrales, ensaladas de vegetales y algunos complementos como la levadura de cerveza, el germen de trigo, las algas, la alfalfa, el polen y el sésamo, entre otros, cubren sobradamente estas necesidades.

Nuevos alimentos

• ***Cereales***: A partir del año de vida el organismo del bebé está perfectamente formado para digerir alimentos naturales y complejos, aunque todavía se administren con precaución, adecuándolos a su corta edad en el momento de prepararlos.

Así pues, los cereales completos se introducen en forma de harinas, cociéndolos con leche o caldo de verduras.

El trigo entero (con gluten) se

administra a partir del año de vida.

El centeno y la cebada no se administrarán hasta los 15 meses. A los 18 se introducen los copos (véase forma de preparación en el apartado correspondiente de la pág. 69, que deben ser triturados después de la preparación.

Hasta los 3 años de vida no se darán los granos enteros (sin triturar), exceptuando el arroz, que puede administrarse a partir de los 2 años y si está muy cocido.

Conviene darle al niño cereales integrales, ricos en vitaminas, fibras, proteínas y sales minerales.

El maíz tostado debe emplearse con prudencia, ya que a menudo se encuentra entero en las heces del niño. Las populares «palomitas» son una de las mejores formas de prepararlo (por supuesto, para niños que mastiquen correctamente).

• ***Pastas alimenticias***: Generalmente las pastas se fabrican con harinas muy purificadas, carentes de todas las virtudes que ofrecen las harinas integrales.

En el mercado pueden hallarse pastas con verduras, con gluten e integrales, todas ellas más recomendables que las convencionales.

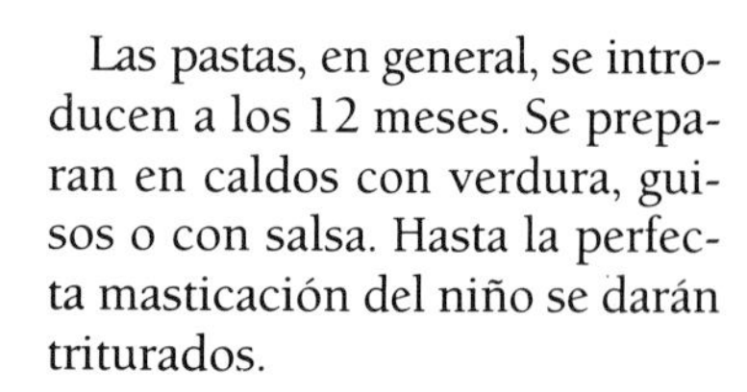

Las pastas, en general, se introducen a los 12 meses. Se preparan en caldos con verdura, guisos o con salsa. Hasta la perfecta masticación del niño se darán triturados.

• ***Dulces***: Se procurará cubrir la tendencia del niño hacia los dulces con productos naturales como dátiles, frutas secas (uva, higos, albaricoques, ciruelas...) y con repostería en la que se empleen alimentos integrales.

• ***Legumbres secas***: Se introducen a partir del año de vida. Es recomendable comenzar una primera semana con lentejas, posteriormente con garbanzos y por último con las habichuelas, más difíciles de digerir.

Hacemos especial mención a la soja, uno de los alimentos más equilibrados en su composición, que por sus excelentes características nutritivas debería utilizarse a menudo en sus diferentes formas de preparación y presentación: leche de soja y queso, como legumbre entera para guisos, germinada para guisos y ensaladas, tortillas y sopas. Forma parte también de numerosos preparados llamados «carnes vegetales» o «proteínas para vegetarianos». Por último, la soja deshidratada ofrece muchas posibilidades culinarias, al hidratarla adoptará un aspecto parecido a la carne picada y podrá utilizarse para hacer rellenos, croquetas, añadirla a los guisos y asados, sopas o tortillas, en forma de hamburguesas, etc.

Suponemos que ya se administra regularmente una toma de leche de soja. La soja deshidratada se introduce a los 9 meses y la harina cocida a los 10. Los preparados de «carnes vegetales» a partir del año de vida, una o dos veces por semana. Las semillas germinadas a las 15 meses y la soja en semilla verde a los 18, pero triturándola tras cocerla. Las fechas para incluir en el régimen cada una de estas formas y preparados de soja son aproximadas, pudiendo variar ostensiblemente según el criterio personal y las circunstancias.

• ***Quesos***: Se utilizará primero el queso fresco, que se administra a partir de los 9 meses y que se procurará mantener en el régimen durante toda la crianza, aunque se introduzcan quesos más curados. Al ser más fresco y estar más hidratado, la digestión es más fácil y la asimilación menos compleja.

Hacia los 15 meses se presentan al niño los quesos un poco más curados, del tipo manchego y bola tierno. Los que sufren un proceso de curado más largo no se aconsejan hasta los 3 ó 4 años de vida, y siempre con moderación y en pequeñas porciones.

• ***Huevos***: A partir del año se le puede dar al niño un huevo entero. La forma más idónea de introducir la clara es mezclándola en los guisos, una vez cocido el huevo. El huevo pasado por agua es también muy aconsejable en estos primeros meses. La tortilla francesa se administrará a partir de los 15 meses. La ración más aconsejable es de 3 huevos semanales.

• ***Verdura***: Se dará menos triturada a partir de los 18 meses. A los 2 años solo se chafa y a los tres aproximadamente se presenta entera. Al año de vida el niño ya es capaz de digerir correctamente las verduras de hoja.

No olvidemos dar diariamente verdura cruda en jugos, ensalada o mezclada con guisos, sopas, etc.

• ***Frutos secos y frescos***: A partir del año se le puede dar todo tipo de fruta seca.

Las frutas secas dulces (dátiles, uvas, ciruelas, albaricoques, etc.) se introducen al año de vida y se administran trituradas junto

con la papilla de frutas.

Antes de ser utilizadas deben lavarse cuidadosamente. A las uvas y ciruelas se les quitará la piel hasta que el niño las pueda masticar correctamente. La piel saldrá fácilmente si se remojan en agua caliente.

La fruta seca es excelente en casos de desnutrición; contiene albúminas y sales. Es un potente alimento energético.

En casos de estreñimiento se darán ciruelas secas trituradas, previamente hervidas o remojadas. Los efectos serán más rápidos si se ingieren en ayunas.

Los frutos secos se pueden dar antes del año en forma de horchata o leche de almendras y chufas. Por ser alimentos ricos en grasas, su digestión no se realiza correctamente hasta los 3 años de vida, por lo que se administrarán con moderación.

A los 15 meses puede dársele al niño almendras y avellanas ralladas, mezcladas con la fruta y el yogur. A los 18 meses se introduce la nuez igualmente rallada. A los 2 años la castaña tostada y rallada y el cacahuete rallado. A los tres años ya enteros.

Otros alimentos necesarios como complemento

• ***Germen de trigo***: A los 12 meses, media cucharada por semana. A partir de los dos años, un par de cucharadas semanales.

• ***Sésamo***: A partir de los 9 meses en forma de horchata, y al año de vida triturado o en crema.

• ***Jalea real***: A partir del año.

• ***Lecitina de soja***: Media cucharada por semana a partir del año. A los 18 meses una cucharada semanal.

• ***Algas***: A partir de los 12 meses de vida.

• ***Gluten de trigo***: A partir del año.

Es probable que no se sepa cómo preparar estos alimentos, ni las propiedades que poseen, para ello se recomienda leer el apartado «Propiedades de los principales alimentos complementarios» (pág. 80), donde se verán detalles sobre la forma de consumo y el contenido nutritivo.

Tabla de introducción de alimentos

	2 meses	3 meses	4 meses	5 meses	6 meses	7 meses	8 m
Jugos de fruta	1-2 cucharadas	100 c.c. diarios	150 c.c. diarios				
Jugo de tomate		1 cucharada					
Jugo de otras verduras				con papillas de verduras cocidas			
Miel					Sí		
Fructosa	Sí						
Melaza		Sí					
Alfalfa		Sí					
Levadura de cerveza		¼ cucharada	½ cucharada		1 cucharada		
Papilla verdura				Sí			
Patata			Sí				
Sémola de arroz			Sí				
Yogur			1-2 cucharadas	3-4 cucharadas	medio yogur	uno entero	
Papilla de fruta			Sí	plátano			
Plátano			Sí	plátano			
Polen				3/4 cucharada			½ cu
Yema de huevo					½ cucharada	½ yema	en
Arroz blanco				Sí			
Arroz integral						tamizar	
Leche soja o almendra	Sí	Sí					
Queso fresco							
Harina de maíz						Sí	
Harinas integrales							arroz av
Germen de trigo							
Pastas integrales							
Leche de vaca							
Huevo completo							
Sésamo							
Jalea real							
Legumbres secas							
Frutos y fruta secos							
Cereales integrales							
Soja							
Mantequilla							
Nata							
Algas							
Gluten							
Germinados							

es	10 meses	11 meses	12 meses	15 meses	18 meses	2 años	3 años
		1 cucharada					
		entero					
			harinas integrales	centeno, cebada	copos		
			½ cucharada a la semana				
			Sí				
n agua			entera				
			Sí				
ata			triturar			entero	
			Sí				
			Sí			chafar	enteras
			triturar	almendra, avellana rayada	nuez rayada	castaña, cacahuete	enteros
					copos triturados		enteros
atada	harina de soja		carne vegetal	semillas germinadas	verdura cocida triturada		entera
í							
	½ cucharada			1 cucharada			
			Sí				
			Sí				
				cocidos, triturados		sin cocer, chafar	enteros

Número de tomas

Del año a los 15 meses el número de tomas diarias de alimento será de 4 a 5, de la siguiente manera: un desayuno energético, almuerzo a medida mañana (fruta y yogur principalmente), comida, y a últimas horas de la tarde merienda-cena; si el niño tiene apetito se dará una toma entre la comida y la cena.

A partir de los 15 meses y en adelante se normaliza su régimen, que consiste en 3 tomas diarias: desayuno, comida y merienda-cena.

En el apartado sobre menús desde el nacimiento hasta la edad adulta (pág. 109) se hallarán los pormenores de cada una de estas tomas.

Sucesión de los alimentos en cada toma

DESAYUNO

En ayunas se le dará un jugo de fruta o verduras frescas y, en su defecto, una infusión o alguna pieza de fruta. El alimento matinal debe ser energético, por lo que se continuará con leche o yogur fresco, tostadas, cereales, frutos secos, etc., combinándolos según el apetito y las necesidades del niño.

COMIDA

En primer lugar las ensaladas o jugos de verduras crudas; seguidamente las sopas y los caldos, y por último el plato principal. Las frutas aconsejables como postre son la pera y la manzana, por ser las más digestivas.

CENA

Se dará una hora antes de acostar al niño. En general será más ligera que las dos comidas anteriores. Fruta, verdura, huevo, quesos, yogur y platos con harinas son algunos de los alimentos que pueden emplearse para la última comida del día.

LA TALLA Y EL PESO

Aunque aparentemente se piense que el peso es lo más importante para determinar el correcto desarrollo del niño, lo cierto es que lo que realmente lo determina es la talla.

Si se observa el crecimiento del niño se verá que sigue un ritmo más regular que el del peso.

Aunque la herencia genética es uno de los factores determinantes tanto del peso como de la talla, los factores externos serán los que, de acuerdo con esa herencia genética, contribuirán al desarrollo correcto del niño.

Estos factores externos son el alimento, el contacto con el sol y el aire, el ejercicio y un ambiente emocional familiar equilibrado.

Como punto de referencia se indica el término medio de talla y peso con relación a la edad.

Talla

Al nacer el niño mide aproximadamente 50 cm. En un año alcanza los 70 cm. (crece unos 20 cm.); el segundo crece 10 cm., el tercero 9 cm. y el cuarto unos 5 cm.

Peso

— A los 4 meses se duplica el peso.

— A las 12 meses se triplica el peso inicial.

— A los 5 años se multiplica por cinco el peso inicial del niño, cifra a la que suelen añadirse unos 2 kg. suplementarios.

— A los 7 años se sextuplica, añadiendo también 2 kg.

Controlando el peso del niño se puede evitar la obesidad precoz.

TABLA ORIENTATIVA DE TALLAS Y PESOS

Niños			**Niñas**			**Niños**			**Niñas**		
Edad	*Talla*	*Peso*	*Edad*	*Talla*	*Peso*	*Edad*	*Talla*	*Peso*	*Edad*	*Talla*	*Peso*
Recién nacido	50	3,2	**Recién nacido**	50	3,3	**2 años**	88	12,8		88	12,7
	51	3,4		51	3,5		89	13,0		89	12,8
	52	3,6		52	3,7		90	13,2		90	13,0
	53	3,9		53	4,0		91	13,4		91	13,2
	54	4,1		54	4,2		92	13,6		92	13,5
	55	4,3		55	4,5		93	13,8		93	13,7
	56	4,6		56	4,7		94	14,0		94	14,0
	57	4,8		57	5,0		95	14,3		95	14,2
	58	5,1		58	5,2		96	14,5		96	14,2
	59	5,3		59	5,5	**3 años**	97	14,8	**3 años**	97	14,7
	60	5,6		60	5,7		98	15,0		98	14,9
	61	5,9		61	6,0		99	15,3		99	15,1
	62	6,2		62	6,4		100	15,6		100	15,4
	63	6,5		63	6,7		101	15,8		101	15,6
	64	6,8		64	6,9		102	16,2		102	15,9
	65	7,1		65	7,2		103	16,4		103	16,3
	66	7,4		66	7,5		104	16,7	**4 años**	104	16,6
	67	7,7		67	7,7		105	17,0		105	16,8
	68	7,9		68	8,0	**4 años**	106	17,3		106	17,1
	69	8,2		69	8,2		107	17,6		107	17,4
	70	8,5		70	8,4		108	18,0		108	17,8
	71	8,9		71	8,7		109	18 2		109	18,1
	72	9,2		72	9,1		110	18,6		110	18,4
	73	9,5		73	9,3		111	19,0	**5 años**	111	18,6
	74	9,8		74	9,6	**5 años**	112	19,3		112	18,9
	75	10,1	**1 año**	75	9,9		113	19,6		113	19,3
	76	10,3		76	10,2		114	19,9		114	19,6
1 año	77	10,5		77	10,4		115	10,2		115	20,0
	78	10,8		78	10,6		116	20,7		116	20,5
	79	11,0		79	10,8		117	21,0		117	20,8
	80	11,2		80	11,1		118	21,4		118	21,3
	81	11,4		81	11,3	**6 años**	119	15,8	**6 años**	101	15,6
	82	11,6		82	11,5		120	22,2		120	22,2
	83	11,9		83	11,7		121	22,6		121	22,6
	84	12,0		84	11,8		122	23,0		122	23,0
	85	12,2		85	12,0		123	23,4		123	23,6
	86	12,4		86	12,2		124	23,8	**7 años**	124	24,0
	87	12,7	**2 años**	87	12,4	**7 años**	125	24,2		125	24,3

PROPIEDADES DE LOS PRINCIPALES SUPLEMENTOS NUTRITIVOS

La miel

La miel está considerada como uno de los alimentos necesarios para complementar la dieta del niño por su composición y por ser un alimento natural que no ha sufrido ningún proceso de refinamiento. Por ello se aconseja sustituir el azúcar en principio por fructosa (azúcar de la fruta), y a partir de los seis meses reemplazar esta por la miel.

Aunque el contenido de la miel varía según las flores de que proceda, pueden aceptarse como normales las siguientes cifras (composición en gramos por 100 gramos):

Agua	18,7
Proteínas	0,7
Hidratos de carbono	
Fructosa	40,4
Glucosa	34,9
Dextrina	3,4
Sacarosa	1,7
Vitaminas (en mg.)	
C	4
B_1	0,01
B_2	0,04
P	0,20
B_6	0,20
Ácido pantoténico	0,60
Minerales (en mg.)	
Potasio	10
Sodio	5
Calcio	6
Magnesio	6
Hierro	0,9
Fósforo	16
Azufre	3
Cloro	24
Yodo	0,01

CUALIDADES Y PROPIEDADES

- ***Proteínas***: La miel tiene muy pocas proteínas, pero sus aminoácidos esenciales se asimilan rápidamente y con mucha facilidad, siendo recomendable para los primeros años de vida.
- ***Hidratos de carbono***: La miel es un alimento energético (326/kcal. por 100 g.) y de rapidísima asimilación, ya que todos sus azúcares son simples (monosacáridos).
- ***Vitaminas***: La presencia de vitaminas en la miel facilita el metabolismo y activan numerosas funciones orgánicas por ser eminentes catalizadores.
- ***Enzimas***: Proporciona amilasa, catalasa, peroxidasa, lipasa, etc.

La miel tiene además propiedades antisépticas contra los microbios patógenos por su contenido en diversos ácidos (cítrico, láctico, oxálico, fosfórico), así como otro antiséptico llamado inhibina, que paraliza el desarrollo de las bacterias coli, del estreptococo, de la salmonella typhy (causante de la fiebre tifoidea) y del bacilo causante de la difteria.

Se trata pues, de un poderoso desinfectante y cicatrizante, y permanece siempre exenta de microbios.

Se ha comprobado un aumento de 2 a 6 kg. en niños desnutridos o anémicos, a los que se administraron 30 g. de miel al día.

También favorece la memoria y la receptividad en el aprendizaje escolar.

Su contenido en sales minerales fácilmente asimilables la hace fortificante del esqueleto (por el calcio) y regeneradora de la sangre (por el hierro).

FORMA DE ADMINISTRARLA

Sirve para endulzar zumos, papillas, leche, infusiones, repostería, etc. Cuando se mezcla se diluye fácilmente agitándola.

El polen

El polen es el producto secretado por los órganos masculinos de las plantas, encargado de fecundar los órganos femeninos, por lo que en él se concentran todos los alimentos virtualmente necesarios para la formación de una planta o árbol. Su composición en gramos por 100 gramos, es la siguiente:

Agua	4
Hidratos de carbono	50
Grasas	5
Proteínas	35
Cenizas	6

- Las proteínas se desglosan en los siguientes aminoácidos:

— Histidina	1,6
— Isoleucina	3,0
— Leucina	4,2
— Lisina	3,8
— Mestionina	1,2
— Fenilalanina	2,4
— Treonina	1,9
— Triptófano	0,8
— Valina	3,4
— Arginina	3,4
— Cistidina	3,9
— Ácido glutámico	5,8

MADE IN ITALY

Minerales (en mg.)

Potasio	1.950
Calcio	480
Magnesio	390
Hierro	9
Azufre	360
Cloro	48
Manganeso	84
Cobre	4
Sílice	690

Vitaminas (en mg.)

Caroteno (provitamina A)	100.000 U.I.
Vitamina C	23
Vitamina PP	17
Vitamina D	0,04
Vitamina E	0,04
Vitamina B_1	0,417
Vitamina B_{12}	0,896
Vitamina B_3	1,375
Vitamina B_5	7,800
Vitamina B_{14}	0,005
Vitamina B_{16}	3,500
Vitamina H	0,151

EFECTOS SOBRE EL ORGANISMO

El consumo de polen estimula todas las funciones del cuerpo, especialmente las digestivas e intestinales; probablemente es el más perfecto regulador de las funciones intestinales.

Es eficaz en casos de anemia perniciosa, aumenta la tasa de hemoglobina y el número de hematíes de la sangre, siendo suficiente tomar medio gramo de polen diario durante un mes para aumentar en 80.000 el número de glóbulos rojos por milímetro cúbico de sangre.

Es un tónico energético y revitalizar excepcional, que abre el apetito, eleva la capacidad de trabajo y baja la tensión arterial.

CÓMO ADMINISTRARLO

Se puede tomar solo o mezclado con algún líquido: leche, zumos o infusiones. Se comenzará con unos granitos y se irá aumentando hasta tomar una cucharada pequeña y rasa.

Es aconsejable darlo tres veces por semana.

Sésamo

El *Sesasum indicum* es una planta nativa de Oriente, pero cuyo cultivo se ha extendido a la mayor parte de áreas tropicales y subtropicales del mundo.

La semilla de sésamo, llamada también ajonjolí, constituye por sí sola un alimento altamente nutritivo, completo y equilibrado debido a su gran cantidad de grasas y proteínas.

Está considerado como el alimento que contiene proporcionalmente más calcio en su forma asimilable, además de hierro y fósforo.

Los bebés se benefician de las globulinas de esta semilla, rica en ácido glutámico, que favorece la formación de anticuerpos.

Posee propiedades tónicas y es un maravilloso regulador de la función intestinal.

Posee también gran cantidad de lecitina y fosfatos que acompañan al aceite, los cuales son un alimento natural del sistema nervioso y del cerebro.

El 85% de sus ácidos son insaturados, lo que explica su acción beneficiosa sobre la arteriosclerosis y la consiguiente reducción de colesterol.

COMPOSICIÓN

Agua	4 a 5%
Ácidos grasos	48%
Proteínas	20%
Hidratos de carbono: 21% (celulosa 5%)	
Cenizas	4 a 5%

Minerales: calcio, fósforo, hierro y magnesio.

FORMA DE UTILIZACIÓN

Esta semilla puede ser utilizada de muchas maneras: en forma de aceite en ensaladas o guisos; entera en repostería espolvoreada sobre otros alimentos; o en horchatas.

Para la preparación de horchata de sésamo, se colocan las semillas en un recipiente, se cubren con agua y se trituran con una batidora. Una vez bien molidas, solo queda colarlas, para lo que puede emplear un paño fino de algodón. El resultado será una horchata de sésamo concentrada a la que se añadirá agua y miel al gusto de cada uno.

A partir de los 9 meses de vida se puede dar en forma de horchata y a partir de los 12 de cualquier forma de las citadas.

Melaza

Así como el azúcar moreno de caña, en los últimos tiempos, está perdiendo gran parte de su «reputación», la melaza es un producto menos refinado que cada vez está ganando más puestos en las listas de consumo.

Mientras que el azúcar refinado tiene un bajo valor nutritivo, su hermana la melaza es tan rica en elementos nutritivos que ha sido llamada a veces «el alimento maravilloso».

La melaza contiene solo el 18 al 20% de hidratos de carbono, y la mayor parte de ellos son glucosa y fructosa.

Contiene un 3% de proteínas y una pequeña pero significante cantidad de vitaminas B_1, B_2, B_6 y ácido pantoténico.

Pero lo que contiene en mayor cantidad son minerales: hierro, cobre, calcio, cromo, fósforo, potasio, magnesio y cinc.

La melaza puede ser utilizada para endulzar cualquier tipo de dulces, leche y yogur, etc.

Es un sustituto del azúcar muy aconsejable para la cocina.

Germen de trigo

En el grano de trigo existe una pequeña partícula denominada «germen de trigo» que tiene una extraordinaria riqueza en proteínas.

El germen no se encuentra en la harina blanca refinada, ni tampoco en la harina integral estándar de las panaderías, pues al no ser estable comprometería su conservación. Los productos elaborados con ellas carecen por tanto de las ventajas alimenticias del grano del trigo completo.

El germen de trigo tiene un porcentaje proteico tres veces superior al de la carne y el pescado, quince veces al del tocino y la leche y cinco veces superior al de los huevos.

El germen de trigo contiene los aminoácidos esenciales en proporción muy parecida a las necesidades humanas.

Su composición es la siguiente:

Agua 11%
Proteínas 27%
Hidratos de carbno 47%
Grasas 10-15%

Vitaminas (en mg/100 g.)

A .... 650 U.I.
E 30-50
B_1 2
B_2 0,8
B_6 4

Minerales: Magnesio, cobre, calcio y fósforo. Es sobre todo rico en hierro.

Es aconsejable tomarlo en el embarazo, la lactancia, enfermedades hepáticas, renales, etc.

CÓMO ADMINISTRARLO

A partir de los 12 meses la punta de una cucharilla una vez por semana; al año y medio, una cucharadita rasa una vez por semana, mezclada con la papilla de fruta y verdura o cereal.

Levaduras

LEVADURA DE CERVEZA

Las levaduras son hongos microscópicos presentes en el aire que se concentran sobre todo en las frutas y los cereales. Existen muchos tipos de levaduras que fermentan distintos productos: cerveza, vino, pan, kéfir, etc. Las de cerveza son variedades seleccionadas de *Saccharomyces cerevisiae*, hongos que fermentan la malta al multiplicarse sobre ella y consumir sus azúcares, los cuales transforman en alcohol y dióxido de carbono con desprendimiento de calor. Cuando se obtiene la cerveza se elimina de ella la capa de levaduras frescas que han formado, según Pío Font i Quer, «un barrillo finísimo, blanquecino agrisado o con cierto tinte pajizo, y olor que recuerda a un tiempo al de ciertos quesos y al de la cerveza».

Veamos su composición por 100 gramos:

	Crema prensada	*Extracto seco*
Agua	71 g.	7 g.
Carbohidratos	13 g.	37 g.
Grasas	0,4 g.	1,6 g.
Proteínas	13 g.	46 g.
Cenizas	2,4 g.	7,8 g.
Vitaminas:		
B_1	0,45 mg.	10 mg.
B_2	2 mg.	5,5 mg.
B_3	28 mg.	36mg.
B_6	1,2 mg.	4,6 mg.
PP	30 mg.	37,5 mg.
Ác. pantoténico	5,3 mg.	9,5 mg.
Ácido fólico	0,5 mg.	2,4 mg.
Minerales:		
Potasio	360 mg.	1.900 mg.
Sodio	4 mg.	180 mg.
Calcio	25 mg.	106 mg.
Magnesio	16 mg.	215 mg.
Hierro	5 mg.	18,5 mg.
Fósforo	605 mg.	1.900 mg.

La levadura de cerveza es un alimento energético que proporciona 100 calorías por 100 g. de crema fresca y el triple en extracto seco.

Tiene acción preventiva y curativa sobre el organismo —desgraciadamente poco conocida—, contribuyendo también al funcionamiento normal de los órganos digestivos y a la protección de la piel.

Por su cantidad de proteínas y su riqueza en aminoácidos, constituye una fuente de material indispensable para la formación y restauración celular. Contiene aminoácidos esenciales que el organismo no puede sintetizar: histidina (esencial en el bebé), lisina, triptófano, leucina, fenilanina y cistina, lo que hace sus proteínas de alto valor biológico.

Por la acción de estos aminoácidos incrementa el número de glóbulos rojos de la sangre y favorece la resistencia del organismo frente a las enfermedades infecciosas.

Beneficia al sistema nervioso por su gran contenido en vitaminas del complejo B. La vitamina B_2 evita los retrasos del crecimiento y ciertos trastornos oculares, de la piel y de las mucosas. La vitamina B_6 es importante en las funciones del sistema nervioso, la vesícula biliar y el hígado.

LEVADURA DE TORULA

A pesar de ser de naturaleza vegetal, esta levadura contiene algunas proteínas características de la fermentación láctica.

Se presenta para su consumo en forma de escamas. La ventaja que posee sobre las demás levaduras alimenticias es la de su sabor a productos lácteos (más agradable) y su mayor contenido en vitamina C.

Alga kombu
Melaza
Alga wakame
Soja
Sésamo
Germen de trigo
Levadura de cerveza
Lecitina

FORMA DE UTILIZACIÓN DE LAS LEVADURAS

Lo habitual es tomarla seca, en polvo o en comprimidos, aunque es más recomendable tomarla fresca (crema).

Puede administrarse a partir del quinto mes de vida, en la dosis de una punta de cucharita mezclada con zumos, caldos, leche, etc.

Cada 15 días se aumenta la cantidad. A los 5 ó 6 meses se le puede dar una cucharadita diaria, pero lo más adecuado es descansar de este alimento durante períodos que pueden ir desde 6 ó 7 días hasta el mes; en general se evitará cuando la alimentación del niño sea muy rica en proteínas.

Cuando esté utilizándose una de las levaduras, se debe procurar no incluir las demás. Lo ideal es ir alternándolas a lo largo del tiempo de crianza del bebé.

Jalea real

Es la secreción elaborada por las abejas para alimentar a la reina del panal.

El análisis químico señala los siguientes componentes y las cantidades por 100 gramos:

Proteínas	12,3%
Glúcidos	2,5%
Grasas	5,4%

Vitaminas (en microgramos por g.):

Vitamina B_1	4
Vitamina B_2	13,5
Vitamina B_6	6
Vitamina B_7	0,8
Vitamina B_8	3
Vitamina B_9	0,35
Nicotinamida (vit. B_3)	220
Ác. pantoténico (vit. B_5)	83

También hay pequeñas cantidades de vitaminas A, C, D y E y entre los minerales destacan potasio, fósforo, hierro, calcio, cobre y silicio.

PROPIEDADES

Actúa como estimulante del organismo, mejora el estado general, aumenta la capacidad física e intelectual, proporciona un estado de optimismo y ejerce una acción rejuvenecedora, mejora la vista y la memoria de las personas de edad avanzada y actúa favorablemente sobre la arteriosclerosis, la angina de pecho, las úlceras y la anemia.

Contiene asimismo un factor de crecimiento muy potente y está especialmente indicado para los niños retrasados y estudiantes.

En general conviene a toda persona que desee lograr una mayor resistencia a las enfermedades, al cansancio, a la fatiga y a las infecciones, o como simple ajuste a la alimentación diaria.

FORMA DE ADMINISTRARLA

No se conocen contraindicaciones. El tratamiento para el ni-

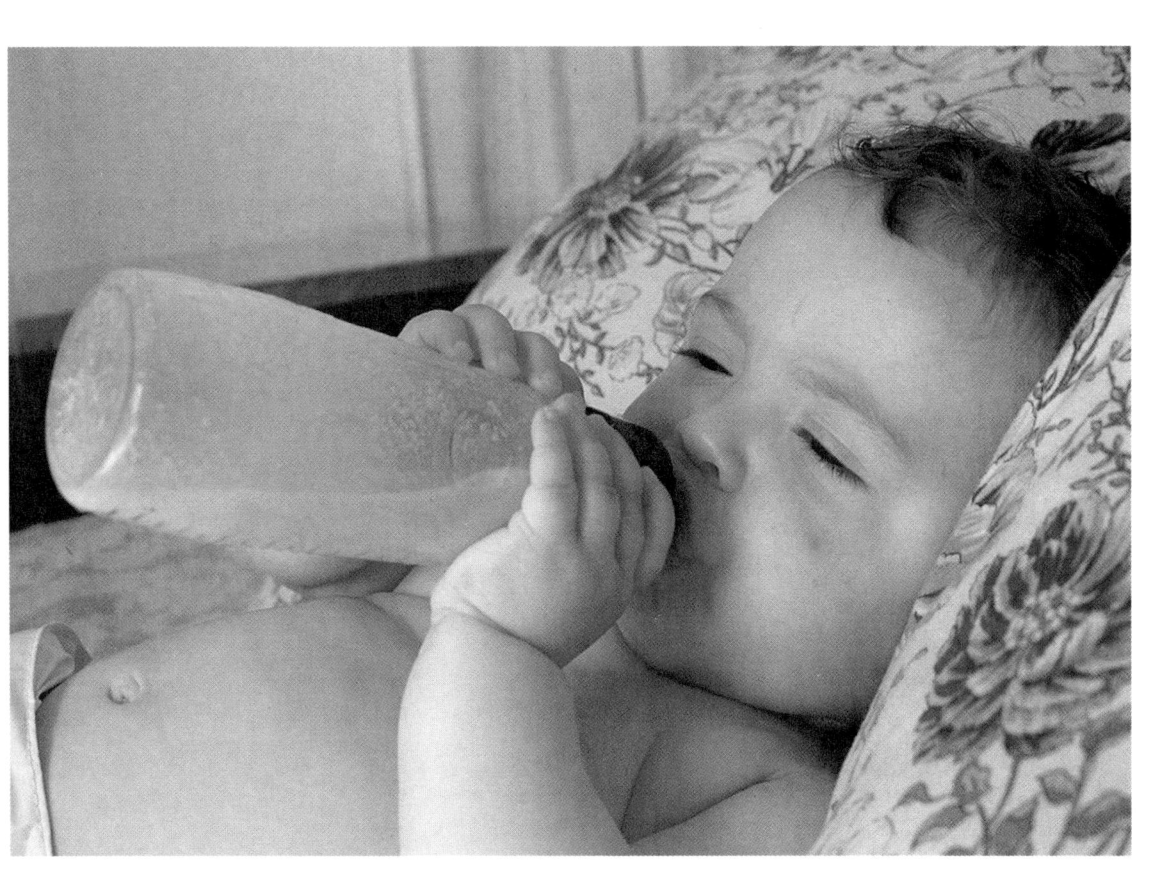

ño normal es de una cucharadita en ayunas una vez por semana a partir del año y solo durante dos meses al año.

En caso de niños anémicos, convalescientes, en período de dentición o de pleno esfuerzo mental, la jalea real es un alimento idóneo. En estos casos se dará una cucharadita disuelta en zumo de limón o naranja durante 20 días seguidos.

Tapioca

Es la fécula de la raíz de una planta llamada mandioca, que se obtiene a partir de almidón hidratado, cocido y luego molido. Constituye un carbohidrato prácticamente puro (86,4%), con apenas grasas (0,2%) y de contenido en proteínas y sales muy bajo. Es pues, un producto esencialmente energético (350 kilocalorías por 100 g.).

La harina de tapioca se asimila fácilmente y es de rápida digestión.

FORMA DE UTILIZARLA

Se da en las papillas de verduras o cocida con leche a partir del cuarto mes (ver recetas de tapioca).

Lecitina

Las lecitinas son derivados fosforados de ácidos grasos que se encuentran en numerosos tejidos animales y vegetales, principalmente en la yema del huevo, la leche, la soja, el germen de trigo y ciertos aceites (de oliva, de pepino). La lecitina forma parte de nuestras células, en especial las del cerebro y la médula espinal.

SUS PROPIEDADES

Favorece la digestión de la grasa y es un antioxidante natural, representa una forma ideal de ingerir fósforo orgánico, el cual es fácilmente asimilable, posee acción rejuvenecedora de las células del organismo e interviene en la formación de los glóbulos rojos.

DOSIFICACIÓN

A partir del año de vida se le administrará la cantidad de media cucharadita, mezclada con las papillas de frutas o verduras. Una vez cumplido el año y medio la dosis adecuada es de una cucharadita cada 3 ó 4 días.

Alfalfa

Fue en los Estados Unidos donde se descubrió que las hojas verdes de la alfalfa eran un poderoso alimento que debería utilizarse para consumo humano. Desde entonces puede encontrarse este preciado alimento en cualquier tienda de alimentación de aquel país.

PROPIEDADES

Contiene ocho enzimas esenciales para el organismo, lo que la convierte en uno de los alimentos naturales que mejor facilitan la digestión de almidones, carbohidratos, proteínas y grasas.

Es un excelente diurético y regulador intestinal, refuerza las paredes de la vesícula, posee virtudes antihemorrágicas (por su alto contenido en vitamina K) y aporta grandes cantidades de vitaminas A, B, C.

El calcio y fósforo se encuentran en la alfalfa en perfecto equilibrio (relación 2 a 1), resultando un perfecto osificador de huesos y dientes.

Además de su contenido en vitaminas y minerales es rica en proteínas y contiene los aminoácidos esenciales. Tiene propiedades antitóxicas y desintoxicantes.

FORMA DE EMPLEO

Se toman las hojas frescas de alfalfa, se lavan correctamente y se ponen en un recipiente con agua de forma que cubra las hojas. Seguidamente se trituran el agua y la alfalfa con una batidora, colando al final la mezcla para separar la fibra del líquido restante.

Como el líquido queda muy concentrado se añade agua al gusto. Posteriormente se añade zumo de naranja, limón y miel. Preparada de esta forma adquiere un agradable sabor, semejante a cualquier refresco.

Bien tapada puede conservarse varios días en el refrigerador. También es posible hallar en el mercado la alfalfa en comprimidos.

La alfalfa licuada puede introducirse en el régimen a partir de los 3 meses, dándole al niño tan solo unas cucharadas; más adelante se aumenta la dosis, pudiéndose dar en biberón de 50 a 80 c.c. a los 5 meses, de 100 a 150 c.c. a los 8 e ir aumentándolo progresivamente con la edad.

Algas

Son consumidas principalmente en Extremo Oriente, donde llegan a constituir un 25% de las dietas alimenticias, pues desde tiempo lejanos se observó que su valor nutritivo es igual o superior en muchos casos a las plantas terrestres.

Contienen un alto contenido en proteínas e hidratos de carbono, pero lo más destacable es la gran cantidad de sales y vitaminas. Por lo general, 100 gramos de algas suministran cantidades de vitamina A, B_2 y B_{12} superiores a las necesarias. La vitamina C entra también en su composición. Entre las sales destacan el yodo, el hierro y el calcio. Éste último se halla en una proporción de tres a diez veces mayor que en la leche.

CONSUMO

Se encuentra en comprimidos y en forma natural, deshidratadas. Para consumirlas se hidratan durante unos minutos en agua y se mezclan con guisos, sopas o asados, triturándolas antes de administrarlas al niño.

Se pueden dar a partir del año.

Existen muchos tipos de algas. Elíjase la más agradable al gusto del niño y la que reúna mejores propiedades (ver cuadro adjunto).

Gluten

Es la proteína de algunos cereales como trigo, avena, cebada, centeno, etc., aunque principalmente se utiliza la del trigo. En el arroz y el maíz está ausente.

Dicho contenido altamente proteico lo hace un buen sustituto de la carne animal, pues es tres veces más rico en proteínas.

No conviene introducirlo en la dieta del bebé hasta el doceavo mes.

FORMA DE PREPARACIÓN

Con dos kilos de harina y agua fría se hace una masa dura. A continuación se cubre esta masa con agua fría y se deja reposar bajo el agua más o menos una hora (aunque se puede dejar en remojo toda la noche y prepararlo a la mañana siguiente). Posteriormente se lava bajo el grifo abierto hasta que suelta todo el almidón; cuando el agua queda clara (señal de que ya no tiene almidón) y la masa ese algo más oscura de color, ya se habrá obtenido el gluten. Añadiremos a esta masa un poco de nuez moscada rayada y condimentos al gusto, amasando durante unos minutos.

La masa se corta a pedacitos regulares que se cuecen en agua salada durante media hora. Puede añadirse al agua laurel, salsa de soja, algún diente de ajo o cualquier extracto vegetal deseado.

Los trocitos se escurren posteriormente y se fríen con poco aceite. A partir de aquí puede añadirse a guisos y asados, incorporarse a salsas o simplemente tomarlo empanado.

Soja

Es uno de los alimentos más equilibrados en su composición pues contiene todos los aminoácidos esenciales y en gran abundancia. También posee una buena proporción de grasas y lecitinas; entre las sales minerales destacan potasio, hierro y cobre; posee también vitaminas A, B, PP, E y K.

Se recomienda su consumo antes del primer año en forma de leche de soja, y a partir de los 9 me-

ses en forma de legumbres secas.

A partir del año puede administrarse en forma de queso, germinada y entera (véase tabla pág. 76).

Almendras

Contienen un 45% de aceite (grasas insaturadas), 25% de proteína, 3% de carbohidratos, 3% de mucílago y 5% de sales minerales (fósforo, calcio, magnesio y potasio). La almendra resulta pues un alimento excelente para el niño.

Se recomienda su consumo a partir del quinto mes en forma de leche de almendras, y a los 15, rallada y mezclada con la papilla de yogur y fruta.

CÓMO SE PREPARA LA LECHE DE ALMENDRAS

Se pelan siete almendras dulces (sin tostar), se dejan en remojo en poca agua durante toda la noche; por la mañana se pasan las almendras y el agua por la batidora, añadiéndose 250 c.c. de agua; posteriormente se cuela y queda lista para su consumición.

Se irá aumentando la dosis conforme crezca el niño.

Una advertencia importante

Nunca hay que sobrecargar la dieta del bebé con los alimentos tratados en este capítulo; procúrese más bien combinarlos y ajustarlos al menú diario. Por ejemplo, el día en que la comida sea básicamente patata, pastas o arroz y verduras (pobre en proteínas) se complementará con huevos, levaduras, germen de trigo, gluten o soja, ricos en aminoácidos esenciales; si por el contrario se utilizan alimentos altamente proteínicos (legumbres secas, huevos, cereales integrales) se complementará con verduras, alfalfa, algas, lecitina, alimentos ricos en vitaminas, minerales o grasas.

En general, una alimentación variada, donde las verduras, frutas, lácteos, cereales, huevos y legumbres se administren con regularidad, no necesitan de grandes aportes complementarios.

ALIMENTOS DE ORIGEN ANIMAL

Huevos

Es un alimento excelente por su riqueza en proteínas. Un huevo aporta 10 gramos de proteínas, y con la proporción de aminoácidos esenciales más próxima a la que precisa el organismo. La yema es rica en vitaminas; la clara contiene proteínas y lecitina.

CONSEJOS PARA SU CONSUMO

- Se consumirán lo más frescos posibles.
- La forma más sana de tomarlos es poco cocidos, la clara debe estar cuajada, pues cruda es una antivitamina.
- Se desaconseja el huevo frito o demasiado cocido.

Cumplidos los 6 meses se le dará al niño la mitad de un cuarto de yema; a los 7 meses, media yema; y a los 8 ó 9 una entera. Al año se el puede dar un huevo completo. En ninguno de los casos deben sobrepasarse los 2 ó 3 huevos semanales.

Leche

Es un alimento básico, que contiene todas las materias nutritivas, minerales, oligoelementos, vitaminas y factores de crecimiento en la combinación ideal, acusando tan solo un déficit de hierro.

Para el lactante constituye un alimento vital, pero para el adulto a veces resulta indigesto. La enzima necesaria para cuajarla y digerirla, la renina, se va perdiendo con la edad adulta.

Por ello se aconseja que a partir del año y medio de vida se controle el consumo de leche en el niño, sustituyéndola por leches ácidas (yogur, kéfir), de similares propiedades pero más digestivas.

Se aconseja la ingesta diaria de un vaso de leche de 250 c.c. y otro de yogur, kéfir o leches vegetales.

Procuraremos darle preferentemente leche fresca si el bebé tiene más de un año, hasta entonces se recurrirá a leche en polvo adaptada.

Yogur

Es leche cuajada y fermentada. Posee las mismas propiedades que la leche, pero deja menos residuos tóxicos resultantes de la digestión de las proteínas y se digiere mejor.

Ayuda a asimilar las vitaminas y minerales, actúa como regulador enzimático, desinfecta el intestino, emulsiona los gases y es regenerador de la flora intestinal.

Se asimila mejor que la leche y su digestión es más rápida. Se preferirán los yogures caseros a los comerciales. Solo la diferencia de sabor ya es definitiva.

FORMA DE OBTENERLO

Para hacer yogur en casa, en una olla a presión, calentamos la cantidad de leche fresca que escojamos (1, 2 ó 3 litros) retirándola del fuego poco antes de hervir. Añadimos 3 cucharadas de yogur por litro de leche (sale más cremoso si utilizamos yogur líquido).

Seguidamente y después de mezclar bien el yogur y la leche, tapamos la olla herméticamente (con la válvula). Envolvemos bien la olla con una manta dejando pasar 8 horas en invierno y de 3 a 5 horas en verano.

El resultado es un yogur cremoso que en el frigorífico se conserva seis o siete días en perfectas condiciones.

Kéfir

Tiene las excelentes propiedades de las leches ácidas. En algunos lugares de Oriente Medio y Próximo se utiliza como alimento base en la dieta.

FORMA DE OBTENERLO

En un bote de cristal se vierten los nódulos de kéfir con leche y se guardan en un lugar poco frío; a las 12 ó 24 horas se cuela la leche resultante de los nódulos con un colador. Se lavan los nódulos y se dejan con un poco de leche, pues de lo contrario se estropearían. La leche ácida obtenida se guarda en refrigerador para su consumo.

Queso

Los quesos y productos lácteos constituyen una fuente valiosa de proteínas completas y equilibradas en la alimentación ovo-lacto-vegetariano.

El queso contiene proteínas y sales minerales, sobre todo calcio (alrededor de 650 mg. por 100 g.); las proteínas se hallan en la proporción de un 18 a un 36%, dependiendo del tipo de queso (a mayor tiempo de curado, mayor número de proteínas).

Desde los 7 meses puedan dársele al niño quesos frescos; a los 15 meses se puede empezar con los de bolas tiernos, manchegos, etc. Hasta 2 ó 3 años se evitarán los quesos muy curados.

Nata

Es el cuerpo graso de la leche una vez que se han separado de ésta la caseían y el suero.

La nata es un gran alimento, compatible con casi todos. Se aconseja la ingesta a partir del año de vida.

Mantequilla

Resulta de la aglomeración de los glóbulos de grasa de la nata liberada de su agua por el batido. Contiene un alto valor calórico por su riqueza casi total en grasas. La vitamina D es la más abundante.

No hay que administrarla en abundancia; si resulta indigesta se sustituirá por margarinas vegetales. Puede utilizarse a partir del año.

INCOMPATIBILIDADES MÁS GENERALES ENTRE LOS ALIMENTOS

Existen unas reglas básicas para combinar los alimentos. Expondremos las más importantes.

Procuraremos evitar la mezcla en una misma comida de cereales entre sí o de legumbres (ejemplo: lentejas y garbanzos). Para el niño es esta quizá la regla principal que debe considerarse (dada la dificultad que ofrece su digestión y los gases y fermentos que queden producir).

Por otra parte, no toda la fruta es compatible con los alimentos salados; la pera y la manzana son las más adecuadas para después de comer. El resto de la fruta se puede tomar a cualquier otra hora, o bien antes de la ingestión del alimento.

La leche debería tomarse antes o después de las verduras y/o los huevos.

Por último, recuérdese que las féculas (patatas, boniatos, tapioca, etc.) no combinan bien con los cereales.

Los niños sanos, por lo general, toleran bien incluso estas mezclas. En cualquier caso, es el niño el que nos dará la pauta a seguir; observaremos frecuentemente las reacciones fisiológicas para poder determinar lo que realmente le va bien y lo que le va mal.

ERRORES MÁS COMUNES

El vinagre

Contiene ácido acético, que es el peor de los enemigos del hígado y el que más lo entorpece y daña (a igual cantidad, cualquier bebida alcohólica lo daña menos).

El azúcar

Entendemos por azúcar el producto cristalino y blanco resultante del refinado y elaboración de la caña de azúcar.

Al ser químicamente puro, el azúcar carece de elementos como vitaminas y minerales, que han sido eliminados en el proceso de refinado.

Para poder metabolizarse se precisa la participación de vitaminas del grupo B (B_1 y B_2), las cuales «roba» de nuestro propio organismo a su paso por éste.

Un consumo regular de azúcar conduce así a un paulatino déficit de esta preciada vitamina, tan escasa en la alimentación actual. Otro de los elementos afectados es el calcio allí donde se encuentra: dientes y sistema óseo.

Por ello es aconsejable sustituir cualquier tipo de dulces (postres con azúcar, caramelos, chocolates, bollos endulzados) por productos que contengan miel o melaza y por frutos secos (ciruelas, dátiles, higos, etc.).

El chocolate

Contiene un alcaloide llamado teobromina, de características similares a la cafeína, que repercute en la salud del niño, en especial sobre el sistema nervioso y los vasos sanguíneos. Los preparados con cacao suelen tener además gran cantidad de azúcar. Prohibirle a un ñiño el chocolate es difícil y puede resultar contraproducente, pero sí vale la pena convertirlo en un producto excepcional, nunca rutinario.

Las bebidas alcohólicas

Bajo ningún concepto se deben dar bebidas alcohólicas a los niños, pues el alcohol destruye las células del cerebro y el hígado.

Los refrescos de cola

Estas bebidas se componen esencialmente de:

- cafeína,
- ácido fosfórico,
- gas carbónico,
- azúcar refinado,
- agua,
- caramelo,
- colorante,
- agentes aromáticos y
- conservantes autorizados.

La ***cafeína*** es una sustancia tóxica del grupo de los alcaloides. Como alcaloide penetra en las células nerviosas provocando una reacción del sistema nervioso para eliminar el veneno; esta reacción es la que da sensación de euforia; pero el resultado final es el agotamiento del sistema nervioso. El contenido en cafeína de estos refrescos es superior al de una taza de café.

El ***ácido fosfórico*** provoca al ingerirlo un aumento de acidez de la sangre; el modo de neutralizar esta acidez es transformar este ácido en una sal insoluble como el fosfato cálcico, para lo cual el organismo tiene que utilizar el calcio de sus huesos y dientes.

Gas carbónico: Toda bebida carbonada produce una irritación de la mucosa gástrica y favorece la asimilación del ácido fosfórico y la cafeína.

Conclusión: Las bebidas con cola son desmineralizantes del organismo. Una diente humano introducido en una bebida de cola se ablanda en un par de días y comienza a disolverse.

El café

Por su alto contenido en cafeína no se aconseja para el consumo del niño, ni tampoco del adulto, que debería tomarlo solo en situaciones excepcionales.

Las harinas refinadas

Entendemos por harina refinada aquella que ha sufrido un proceso de refinado industrial en el que se le ha extraído el germen y la «cascarilla», elementos ricos en nutrientes. El resultado es una harina blanca, que supone un alto porcentaje de la dieta occidental, en forma de pan, dulces, bollería, etc. Esta harina es pobre en vitaminas, minerales y proteínas y rica en hidratos de carbono.

Resulta pues un alimento puramente calórico, principal culpable (junto con el azúcar) de la obesidad infantil y de las caries dentales.

Al ser un elemento incompleto la harina refinada sustrae al organismo vitamina B y calcio, ya

que para asimilarla son precisos estos elementos que fueron extraídos en su refinado.

De ahí la ventaja de consumir pan integral y de utilizar harina integral para realizar nuestros propios dulces y bizcochos, de sabor más genuino que el de los dulces refinados.

Las grasas

Es preferible emplear grasas vegetales: aceites de semillas y frutos secos, así como la grasa de la leche (nata y mantequilla), aunque estas últimas con mayor moderación.

Vale la pena evitar las grasas animales, abundantes en los embutidos y demás productos cárnicos.

Las carnes

En la primera parte de esta obra se enumeraron los inconvenientes del consumo de carnes. Si no se quiere prescindir de ellas por completo, sería mejor tomarlas una sola vez por semana, evitando el consumo de pescado azul y carnes de cerdo y cordero, así como de vísceras (hígado, riñones) que debido a la función depurativa que tienen en el organismo suelen estar cargadas de toxinas indeseables para el niño.

Muchas personas no se atreven a prescindir de la carne por temor a quedar desnutridas, recelo que se agrava en el caso de los hijos. Pero basta informarse un poco para ver lo infundado de tales miedos. Un niño puede crecer saludablemente sin necesidad de recurrir a las carnes. Y muy a menudo, incluso *a pesar* de ellas.

Otros consejos para evitar errores

• Los ***quesitos*** y ***quesos frescos*** en porciones producen mucosidad nasal si se abusa de ellos. La razón es su alto contenido en grasas e hidratos de carbono y a la excesiva cremosidad de su fórmula.

• Otro de los excesos más comunes es el que se refiere a la ***leche***. Habitualmente los niños mayores de un año y medio toman excesiva leche. El consumo debería ser de medio litro diario, repartido entre una parte de leche y otra de yogur o kéfir, más sanos y más digestivos como ya se explicó.

• Durante las ***enfemedades*** y después de ellas se cuidará especialmente la dieta. Comúnmente se cree que alimentando al niño abundantemente se repondrá con mayor rapidez, pero nada más lejos de la realidad. El alimento sobrecarga sus órganos y desvía las energías del niño hacia la eliminación y digestión en lugar que permitir que se canalicen en la curación.

• El niño ***suele preferir unos alimentos*** más que otros, pero no conviene ceder ante su capricho. La dieta de los niños ha de ser lo más variada posible.

• No hay que dar excesiva ***cantidad*** de comida. Los niños, en el fondo, son los mejores reguladores de su dieta, y si hay inapetencia general será mejor consultar al médico, pues puede ser un indicio de que algo no anda bien.

• Condimente y prepare con ***amor*** los alimentos del bebé, pues algunas inapetencias se deben a la falta de habilidad culinaria de las madres.

LA ALIMENTACIÓN EN LOS TRASTORNOS CORPORALES

El medicamento en estados de enfermedad leve

Todos conocemos el avance sanitario que ha supuesto el empleo del antibióticos y sulfamidas en los procesos infecciosos, pero, como ocurre en múltiples ocasiones, de un extremo nos hemos ido al otro, y hoy se emplean estos medicamentos incluso para tratar las enfermedades leves. No es raro que un pequeño resfriado se ataque con antibióticos.

El ser humano posee numerosos mecanismos defensivos que actúan contra los agentes causantes de las enfermedades. El empleo de medicamentos sin embargo, inhibe estos mecanismos naturales de defensa, produciendo un estado de debilidad general una vez que el medicamento deja de administrarse; la recuperación se hace más lenta y en muchos casos hay una recaída por falta de fortaleza.

Los niños entre los 2 y 6 años sufren frecuentemente afecciones en las vías respiratorias (faringitis, bronquitis, anginas), acompañadas de altas temperaturas. Los medicamentos suprimen rápidamente los efectos de estas enfermedades infantiles, pero no las causas. La fiebre y la formación del moco son en cierto modo deseables, pues muestran la capacidad eliminatoria (depurativa) y defensiva (fiebre) del niño.

Estas enfermedades deberían considerarse como un hecho beneficioso, porque mejoran la capacidad de respuesta de los proceso defensivos inmunitarios.

En cualquier caso, se consultará al médico para que determine exactamente el causante de la afección.

El proceso natural de curación puede resultar más lento, pero bien llevado es el más efectivo.

Fiebre

La fiebre es una reacción natural del organismo ante determinados estados de enfermedad. En realidad se trata de un arma que dispone y desarrolla el enfermo en su lucha contra el mal que le aqueja, eliminando y destruyendo agentes infecciosas debido a ese aumento de temperatura. Este mecanismo defensivo simplemente nos ha de poner en alerta ante la existencia de alteraciones orgánicas.

Lo impropio, pues, es reprimir la fiebre (mecanismo defensivo) y en vez de tratar la enfermedad que la ha provocado.

La misión del médico es controlar la fiebre, de forma que ésta pueda actuar como factor positivo en la lucha contra la enfermedad.

Temperaturas inferiores a 38 °C no pueden considerarse todavía como febriles.

Las causas más frecuentes de subida de fiebre son procesos infecciosos, gripe o anginas, trastornos gastrointestinales, etc. En los niños es habitual que la fiebre les suba en unas horas a 41 °C, pero pocos días más tarde se encuentran totalmente sanos. Algunos padres han aprendido a confiar en la subida de la fiebre, ya que reconocen en ello la fuerza vigorosa con que se defiende su hijo frente a la enfermedad.

No es oportuno bajar la fiebre de forma brusca, porque hay peligro de producir al niño un estado convulsivo. Ha de bajarse gradualmente. La forma más adecuada y natural es aplicar ***compresas de agua fría***, que se realizan de la siguiente manera:

Se moja una toalla que doblada pueda cubrir el tronco del niño, procurando que no gotee y se extiende en una superficie lisa. Se coloca al niño desnudo en la mitad superior de la toalla y se le cubre con la otra mitad pasándola entre las piernas. De esta forma hemos cubierto toda la espalda, genitales, abdomen y pecho (véase la ilustración).

El tiempo de permanencia en la toalla varía en razón a la respuesta del niño frente a la temperatura. Cuando la toalla se caliente se vuelve a mojar hasta que se advierta que la temperatura del niño ha bajado un poco o que éste siente escalofríos.

Si la anterior medida no resultara efectiva, se procederá al ***baño*** o ***ducha con agua fría***. Para ello se introduce al niño en agua tibia y progresivamente se le va añadiendo agua fría hasta conseguir el efecto deseado.

Si el niño se mantiene en pie entonces se le puede duchar, teniendo siempre la preaución de que el paso de agua templada a fría sea progresivo.

En ningún caso de fiebre se debe abrigar excesivamente al niño, más bien se le dejará ligero de ropas o desnudo durante los meses calurosos.

ALIMENTACIÓN ACONSEJABLE

Lo más adecuado es no dar al niño alimentos sólidos ni leche, ya que somenten al cuerpo al trabajo de la ingestión y reducen su capacidad defensiva en ese instante.

A los niños menores de un año se les administrarán infusiones poco concentradas de manzanilla, anís verde e hinojo. Si el lactante tiene menos de 3 meses se endulzarán con sirope de manzana o fructosa. Asimismo se le pueden dar zumos naturales de naranja, limón y manzana, diluyéndolos en agua si la edad fuese inferior a 4 meses.

DURACIÓN DEL RÉGIMEN

En menores de un año el régimen durará 12 horas, a partir del año de 24 a 48 horas.

El total de líquido a ingerir es de medio litro a un litro, dependiendo de la edad.

A continuación se seguirá el llamado régimen de transición (ver pág. 104), para ir adaptando al niño a la alimentación normal.

En casos de que la fiebre persista se evitarán los alimentos fuertes.

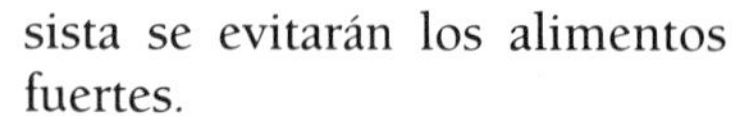

Estreñimiento

Es la retención de heces por un tiempo mayor al habitual en el intestino.

Es la enfermedad de moda; un porcentaje muy elevado de la sociedad la padece, y lo peor de todo es que muchas personas lo consideran normal y no le prestan atención.

CAUSAS MÁS O MENOS FRECUENTES

— Dieta inadecuada, pobre en verduras, frutas y cereales integrales y con exceso de carne, leche, huevos y pescado.
— Malos hábitos: no defecar cuando se siente necesidad.
— Causas psíquicas: nerviosismo, emociones incontroladas, etc.
— Insuficiencia hepática y pancreática: en este caso, a pesar de una correcta alimentación y la práctica de ejercicio la alteración persistirá.

ENFERMEDADES QUE PRODUCE

Hemorroides, colitis, apendicitis, cefalea (dolor de cabeza), nerviosismo, fatiga, hipertensión, intoxicación de la sangre, etc.

TRATAMIENTO

Primero habrá que combatir las causas con una alimentación correcta, ejercicio físico, baño frío de abdomen, infusión en ayunas y laxantes naturales. Entre estos se aconsejan higos o ciruelas secas hervidas en ayunas, peras licuadas, o una mezcla de aceite y limón. Las tres recetas se tomarán en ayunas.

No debe recurrirse a las laxante no naturales, pues producen ha-

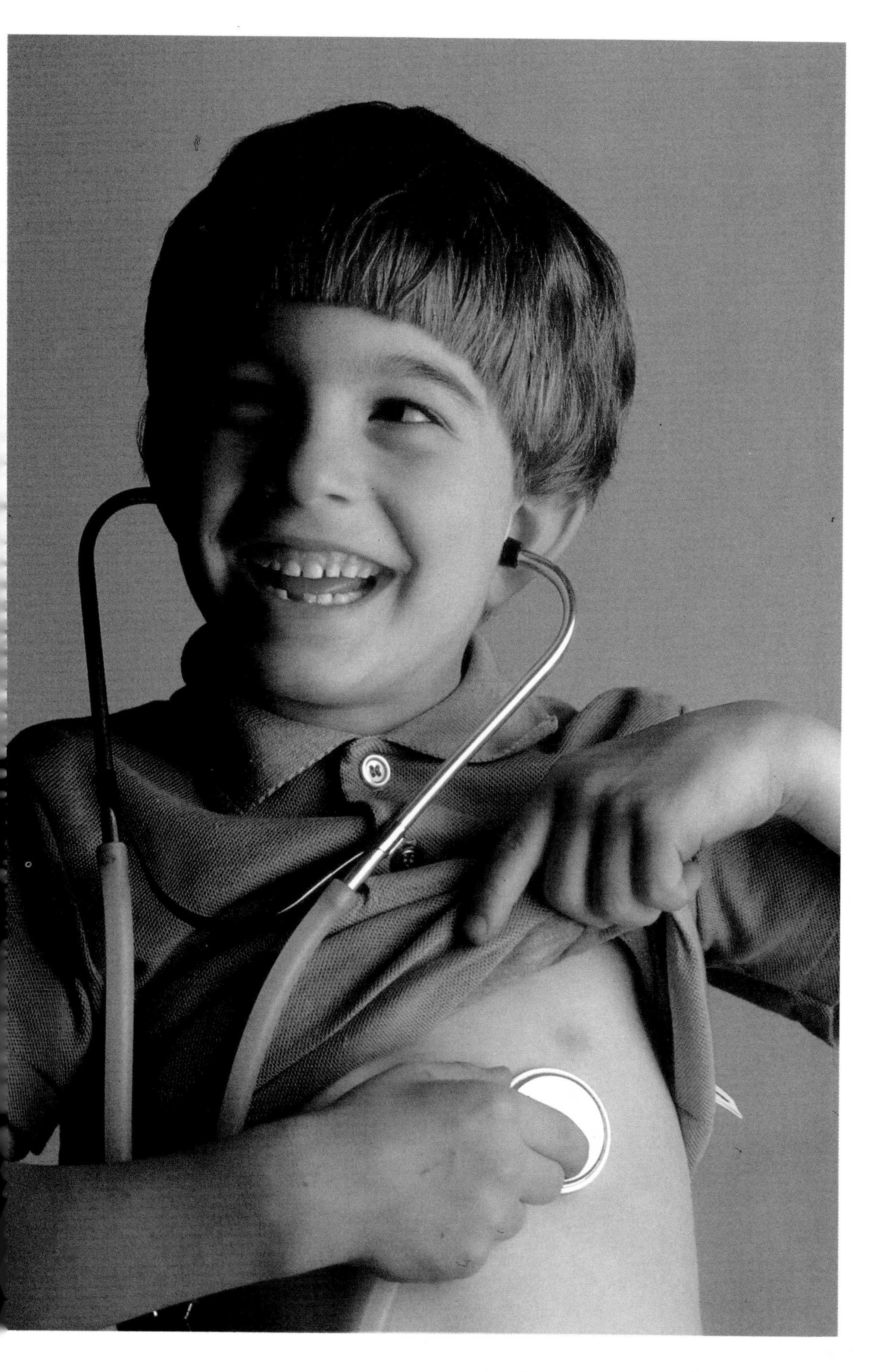

bituación y pigmentaciones en el intestino.

ESTREÑIMIENTO EN EL NIÑO

Se considera normal que niños de edad inferior a los 3 meses evacúen tres veces al día, y en ocasiones más cuando se trata de recién nacidos hasta el mes de vida.

Se habla de estreñimiento cuando se reduce el número de deposiciones o su cantidad. Una forma frecuente de presentación de este trastorno es la aparición de heces duras y secas.

Existen dos tipos de estreñimiento: el crónico y el transitorio.

El ***crónico*** depende de factores que se manifiestan con el tiempo como:

— Personalidad y carácter de la madre. Madres nerviosas y estreñidas tendrán con mayor probabilidad niños estreñidos. En este caso, antes de tratar al niño ha de tratarse a la madre.

— Estado emocional del niño: niños con problemas de relación o afecto.

— Alimentación pobre en fibra (falta de fruta, verdura, harinas integrales) o exceso de leche en polvo en los biberones.

— Problemas orgánicos del aparato digestivo.

Estos casos se deben tratar corrigiendo las causas y creando hábitos saludables.

El estreñimiento ***transitorio*** suele ser de corta duración y más fácil de corregir. Las causas pueden ser las mismas que las enumeradas anteriormente, pero se manifiestan solo de forma esporádica.

RÉGIMEN PARA EL ESTREÑIMIENTO

• ***Menores de 2 meses***: Se suprimen dos tomas de leche, sustituyéndolas por infusión de manzanilla, anís o hinojo, con un poco de sirope de manzana. En casos de fiebre y si el estreñimiento persiste más de 2 días se aplica una lavativa (ver más adelante).

• ***De 3 a 5 meses***: Se actúa de la misma forma, añadiendo además al régimen zumo de peras licuado o triturado con agua en la batidora. Se dan 50 c.c. dos veces al día entre las tomas.

• ***De 6 meses en adelante***: Se sustituye la alimentación normal durante 24 horas por el siguiente régimen:

1) Infusión de manzanilla con miel.

2) Pera rallada con una ciruela seca hervida.

3) Papilla de verduras: acelga, cebolla, tomate, patata y media cucharada de salvado. La consistencia debe ser casi líquida.

4) Infusión de anís y miel.

5) Papilla de frutas: naranja, pera, plátano y media cucacharada de salvado. Se tritura todo junto.

LAS LAVATIVAS EN CASO DE ESTREÑIMIENTO CON FIEBRE

Las lavativas se aplicarán solo en casos de ausencia de evacuaciones durante 24 horas, acompañada de fiebre.

La cantidad de agua está en función de la edad:

— 2 meses . . . . 100 c.c.
— 3 a 5 meses . . . . . . 200 c.c.
— 6 a 9 meses . . . . . . 250 c.c.
— 1 año en adelante . 400 c.c.

El agua se calienta a la temperatura del cuerpo y se añaden unas gotas de limón.

El niño se pone como se muestra en la figura. Se introduce unos centímetros la lavativa en su ano y se presiona lentamente hasta lograr que todo el líquido penetre.

Seguidamente se dan masajes presionando ligeramente el vientre del niño en sentido de las agujas del reloj. Se espera hasta que evacue doblándole las piernas sobre el vientre (ver figura 2).

POR QUÉ Y PARA QUÉ SE HACE ESTA CURA

La retención de heces en el interior de los intestinos supone la absorción de sustancias perjudiciales para el organismo. La lavativa permite limpiar el intestino y dar descanso a los órganos digestivos, riñones e hígado, ayudando con ello a un proceso de curación más rápido.

Diarrea

La aparición de diarrea en el niño es más frecuente en los meses estivales, debido al consumo de fruta de hueso, los cambios corporales originados por la temperatura elevada, la ingestión de alimentos con cierto deterioro y en algunos casos por nerviosismo o problemas psíquicos.

Aparecen cólicos, al principio con expulsión de materias duras y finalmente líquidas; las evacuaciones son numerosas: 5 ó 6 al día. La fiebre es frecuente y el peligro de deshidratación aumenta por la pérdida de agua, sales y vitaminas.

A cualquier edad se procederá a realizar una cura de manzanas ralladas, agua de arroz salada y purés de zanahoria durante 24 horas. Si persiste la fiebre y la diarrea se llamará al médico.

Normalmente, después de una diarrea se aconseja la repoblación de la fibra bacteriana del tracto digestivo. El yogur es un alimento beneficioso para tan fin

Flatulencia

La presencia de gases en el intestino se produce debido a fermentaciones de los hidratos de carbono.

Se manifiesta por distensión del vientre, plenitud inmediata —es decir, al inicio de las tomas—, eruptos y ventosidad abundante.

TRATAMIENTO

— Se disminuirán los alimentos ricos en hidratos de carbono (pastas, pan, harinas, bizcochos, azúcar, dulces, legumbres).
— Se darán infusiones de anís y manzanilla entre las tomas.
— El niño se acostará boca abajo, a fin de ayudar a la expulsión de los gases.
— Se aplicará calor en el vientre.
— El biberón deberá inclinarse correctamente para que, tanto durante las tomas como a su término, no penetre aire en la boca del bebé.
— Se ayudará al niño a eliminar gases después de cada toma.
— Entre las tomas se presionarán ligeramente las piernas dobladas sobre su vientre.

Gripe

Síntomas como dolor de cabeza y de miembros del cuerpo, escalofríos, laxitud y fiebre determinan el cuadro sintomático de la tan común y extendida gripe.

Más de un médico confirma que la gripe se cura sudando. Este efecto se consigue bien por sudación directa, conseguida por baños de vapor en casos de ausencia de fiebre, bien por sudación tras la reacción conseguida con envolturas frías que permiten la transpiración y la eliminación de calor.

La dieta también es importante y debe consistir principalmente en alimentos líquidos (exceptuando la leche), como zumos de frutas y verduras, sopas de vegetales, yogur o leches acidificadas, leche de almendra, etc. Si la gripe va acompañada de resfriado con catarro bronquial se aconseja la preparación de infusiones de fárfara, que se prepara vertiendo un cuarto de litro de agua hirviendo sobre dos cucharaditas de la planta. Se deja macerar unos minutos y se toman de 2 a 3 tazas diarias calientes endulzadas

con miel.

El sauce blanco, el acebo y el gordolobo son también plantas beneficiosas para las vías respiratorias, más fuertes que la fárfara, por lo que se darán a partir del año de vida y en pequeñas cantidades.

Después de las dietas líquidas se aconseja recurrir al régimen de transición (aparece detallado en la pág. 104).

Resfriados y padecimientos del aparato respiratorio

El origen del resfriado es un súbito enfriamiento de la piel. El resfriado común no es una dolencia grave, pero al disminuir las defensas corporales pueden dejar pasa a microorganismos que pueden provocar enfermedades más complejas.

El resfriado dura varios días y su cuadro sintomático es el siguiente: tos, dificultad respiratoria, ojos llorosos, irritación de las mucosas respiratorias, en algunas ocasiones dolor de oídos, cabeza y afonía. No siempre va acompañado de fiebre, y en caso de elevación de temperatura ésta no pasa de una décimas.

Se padecen resfriados por falta de una correcta adecuación con el medio ambiente. El exceso de abrigo, las calefacciones, la ausencia de contacto con el sol y el aire durante los meses de frío, el miedo al agua a temperatura natural y hábitos higiénicos inadecuados constituyen por lo común las principales causas de los resfriados.

La alimentación debe ser similar a la mencionada en casos de gripe (véase pág. de la izquierda) disminuyendo el consumo de hidratos de carbono y aumentando el de zumos y caldos de frutas y verduras. Los alimentos ricos en mucílagos son muy beneficiosos (copos de avena), así como las plantas medicinales que contienen esta sustancia: malvavisco, fárfara y gordolobo.

Las aspiraciones o inhalaciones

de vapores de eucalipto, menta y tomillo (antiséptico y calmante) ayudan a la descongestión. Las gárgaras con agua templada, sal o limón son aconsejables en edades que el niño pueda realizarlas sin tragar el agua.

El tratamiento para ***bronquitis, faringitis*** y ***laringitis*** es similar.

Inapetencia

Por inapetencia se entiende la falta de apetito o ganas de comer. Las causas deben buscarse en procesos orgánicos y psicológicos.

Entre las ***causas orgánicas*** el más común es la propia desnutrición, que va privando al niño de los elementos vitales para su formación. Este se irá acostumbrando a comer cada día menos cantidad de alimento.

Una dieta variada, rica en verduras, productos lácteos, legumbres, huevos, cereales y fruta, entre otros alimentos, mejorará sus condiciones orgánicas. El ejercicio, las salidas al aire libre, un menú variado (en la forma y en el fondo) y la ausencia de alimentos entre comidas estimularán su apetito.

El lugar destinado para comer debe estar bien iluminado; al niño no se le sentará frente a la pared, y para que sea consciente del acto de comer es mejor que no vea la televisión mientras come.

En las ***causas de tipo psicológico*** puede haber problemas de celos, de incomprensión, exceso de mimo, ansiedad o consentimiento a sus caprichos. En las situaciones de inapetencia se revisará la vida afectiva del niño, sobre todo su relación emocional con la madre.

Ante problemas psíquicos se aconseja buscar la causa empezando por la conducta de los padres y demás familiares, la escuela, el medio social, etc.

Se aconseja realizar una pequeña terapia: un rato antes de comer, se juega un poco con él, de una forma muy afectiva, contando cuentos, cantando juntos, etc., para que el niño llegue a la mesa relajado, alegre y satisfecho.

No se le presionará continuamente para que coma. Es mejor estimularle de forma positiva, es decir, con afirmaciones del tipo: «Hoy Luis se lo va a comer todo», y nunca con frases como: «Me tienes aburrida, no comes nada».

Amigdalitis o Anginas

Las anginas están formadas por tejido linfático que desempeña un papel importante en la defensa contra las infecciones, así como en la eliminación de restos metabólicos nocivos para el organismo. Su disposición es estratégica, formando un anillo alrededor de la garganta, entrada de la mayoría de gérmenes nocivos.

Como consecuencia de la lucha de carácter defensivo que se establece, en los casos de anginas las amígdalas aparecen inflamadas y enrojecidas. En enfriamientos y catarros también suelen verse afectadas. Si se inflaman intensamente pueden aparecer pequeñas manchas de color blanco-amarillento.

La extirpación de la amígdalas es una medida de urgencia en casos de presencia de un foco infeccioso en su interior, pues el exceso inflamatorio impide la respiración por la vía natural de la nariz.

Las amígdalas, vienen a ser pues, un termómetro que indica el estado de salud del organismo y pone en funcionamiento el sistema defensivo. Su inflamación determinará la presencia de elementos perjudiciales o de procesos infecciosos; conviene averiguar por tanto cuál es la verdadera causa de la inflamación y tratarla. Si se extirpan las amígdalas no se producirá una verdadera curación.

La dieta más adecuada es la que se señala en el apartado de la gripe y la afecciones respiratorias.

Régimen de transición

Se realiza después de un estado febril o cuando, por algún motivo, se ha hecho un régimen exento de alimentos sólidos.

MENOS DE UN MES

La primera toma será una infusión de manzanilla. La segunda toma de leche materna en menor cantidad de lo habitual. La tercera, una infusión de anís. La cuarta, una toma de leche materna y la quinta una infusión. Para la última toma, leche materna.

NIÑOS DE 2 A 3 MESES

La primera toma, zumo diluido de uva, naranja o manzana. La segunda toma, leche materna o diluida. La tercera, caldo de verduras. La cuarta puré de manzana o zanahoria cocida. Para la quinta, leche.

DE 7 MESES EN ADELANTE

A lo largo del día se darán zumos variados de frutas y verduras (tomate o zanahoria), yogur y papillas de fruta, puré suave de verdura y patata y alguna infusión de anís o manzanilla entre tomas.

RECOMENDACIONES

La duración del régimen de transición es de 24 horas. En las siguientes 48 horas se procurará no dar pastas, bizcochos o galletas, harinas refinadas ni productos que contengan estos alimentos. Se utilizarán preferentemente copos de cereales.

La Otra
Alimentación

LOS 4 ELEMENTOS EN LA ALIMENTACIÓN

La salud del niño no solo se obtiene a través del alimento que penetra por vía digestiva. El organismo en formación requiere también otra serie de elementos que influyan decisivamente sobre su salud y correcto desarrollo: el contacto con el sol, el agua, el aire y la tierra.

Baños de sol

De todos es sabido que a través del contacto con los rayos solares es posible transformar la provitamina D, que se encuentra en la piel, en ***vitamina D***, asimilable en el interior de nuestro organismo. Sin el sol no sería posible esa transformación.

El astro rey produce también otros efectos en nuestro cuerpo: aumenta el riego sanguíneo y los glóbulos rojos, incrementa las defensas y ayuda a eliminar residuos tóxicos por la piel a través de la sudación.

La privación del contacto periódico con el sol podría desencadenar trastornos graves: raquitismo, caries dental, disminución de la defensas contra enfermedades, etc.

Los baños de sol se efectuarán, desde los primeros días de nacimiento del bebé, de la siguiente forma:

Si es verano o hace mucho calor, se escogerán horas de menor luminosidad, por ejemplo las 11 de la mañana y las 6,30 de la tarde.

En los meses de frío, por el contrario, se escogerán las horas de mayor luminosidad, de 12 a 2 de la tarde. El niño permanecerá a resguardo del viento y de corrientes de aire.

Los baños de sol se deben tomar a cuerpo desnudo, exceptuando una cobertura en la cabeza con pañuelo, sombrilla o similar.

El cristal solo deja pasar un 10% de los rayos ultravioletas, por lo que aconsejamos que estos baños no se realicen detrás de las ventanas.

El niño no acostumbrado a los baños de sol los iniciará de una forma lenta y progresiva.

— Hasta las 2 semanas: 30 segundos de vientre y 30 segundos de espaldas.
— De las 2 semanas al primer mes: 2 minutos por cada lado.
— En el tercer mes: 3 ó 4 minutos por cada lado.
— A partir del 4.º mes: Se aumentará un minuto cada 15 días, hasta un máximo de una hora diaria. Estos porcentajes varían dependiendo de la mayor o menor insolación.

Al final de todo baño de sol hay que refrescar el cuerpo y especialmente la cabeza con fricciones o chorros de agua fría.

El contacto con el aire y la tierra

La vida en la ciudad hace necesario salir periódicamente al campo —monte o playa— a respirar aire puro, tan falto en nuestro medio ambiente ciudadano. Este contacto tan vital renueva nuestras energías y las equilibra.

El exceso de abrigo en el bebé impide la agilidad de sus movimientos y el mayor contacto con el aire. El empleo de gorro es también desaconsejable, pues el cabello (gorro natural) es también un excelente captador de energía, y el que esté cerca de nuestro cerebro no es solo por una cuestión fisiológica.

Hay que dejar también que los niños jueguen con la arena, la tierra o el barro, aunque sea preciso llevar dos mudas de ropa. La salud física, emocional y mental de su hijo se verá beneficiada.

Baños de agua a temperatura natural

Al bebé se le debe ir acostumbrando al agua a temperatura natural desde los primeros días de vida por los numerosos beneficiosos que esto le aporta:

— Fortalece y endurece los músculos.
— La circulación se ve beneficiada por acción de la contracción de venas y capilares en las zonas mojadas.
— Evita enfriamientos y refuerza el organismo ante las enfermedades.

Al contrario de lo que se cree, el agua sin calentar no produce enfriamientos (siempre que no se permanezca más de 10 minutos, se esté entre corrientes de aire, o se tome el baño con el cuerpo frío previamente).

El agua está, por lo general, a menor temperatura que el ambiente; después del secado el cuerpo reacciona produciendo el calor necesario, y como la temperatura ambiental siempre será más elevada que la de nuestro cuerpo no se producirá enfriamiento de la piel. Así pues, se puede permanecer desnudo y seco después de una ducha de agua natural sin sentir el menor frío.

No ocurre lo mismo cuando nos duchamos con agua templada o caliente. El cuerpo sale del baño con exceso de temperatura y al tomar contacto con el ambiente, que siempre suele estar a una temperatura más baja, se siente frío, pudiéndose producir en este caso un enfriamiento.

Otros de los efectos del agua natural son: equilibra y descarga el sistema nervioso, relaja, tonifica y hace desaparecer estados de ansiedad, depresión, nerviosismo, apatía o estados emocionales negativos, ya que actúa directamente sobre el llamado cuerpo emocional, equilibrándolo.

El agua caliente, por el contrario, debilita el organismo y distiende los músculos. Aunque el agua caliente sea más placentera, al contrario que el agua natural que es más incómoda, vale la pena tener fuerza de voluntad para ducharse con ella.

Son por tanto muchas las ventajas y beneficios del empleo de agua natural y prácticamente nulas las contraindicaciones. Citemos entre ellas las situaciones en que el cuerpo haya estado sometido a temperaturas muy bajas en cuyo caso habría que calentarlo previamente o bien renunciar a este tipo de baños.

CÓMO Y CUÁNDO REALIZARLOS

Pasados 15 días después del nacimiento y después de su baño de agua templada a 37 °C, se le dará al niño una fricción con la esponja por todo su cuerpo con agua a temperatura natural (no templada), que durará un minuto aproximadamente; después se le seca y viste.

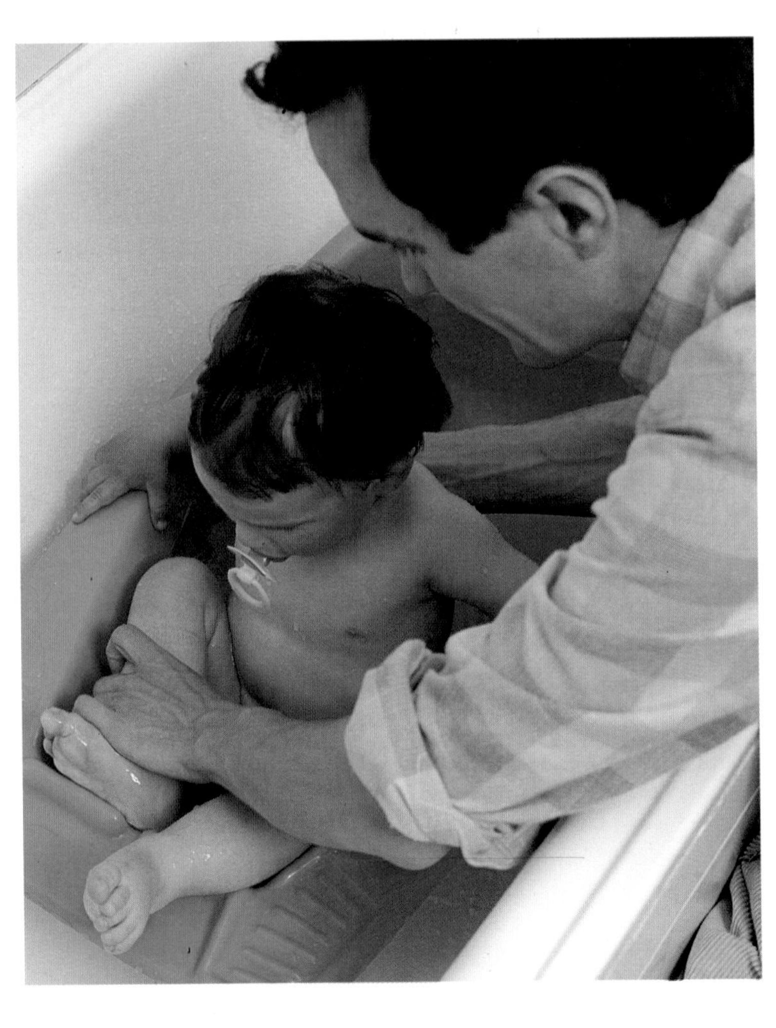

A los 20 días de practicar la fricción con esponja se procederá al baño natural completo.

1) Antes de mojar al bebé se le enjabona con una esponja enjabonada y mojada con agua fría.

2) Se limpia y aclara bien la esponja bajo el grifo.

3) Se coge al bebé apoyándolo en nuestro brazo derecho sin introducirlo en el agua. Con la esponja en la mano izquierda se le va retirando el jabón de todas las partes del cuerpo mientras se le echa agua en la bañera.

La operación se repite con la parte delantera de su cuerpo. La cabeza se lava con jabón líquido una vez por semana y con agua templada, terminando con una fricción con la esponja empapada en agua natural.

El agua se empleará tal como sale del grifo o fuente, sin mezclarla con agua caliente o templada, pues de esta forma se perderían la mayor parte de sus maravillosos efectos.

Recomendaciones

No debe sumergirse al niño en el agua (sobre todo en los meses fríos) para evitarse una impresión negativa.

Cuando el niño ya se mantenga en pie se utilizará la ducha, más cómoda para él y los padres.

No hay que dejarlo mojado después del baño. Se le duchará todos los días, pero evitando corrientes y calefacción en el cuarto de baño. Lo aconsejable es una temperatura de 18 a 20 °C.

Después del baño se le abrigará suficientemente, aunque sin excederse, según la estación y el clima.

Si puede darse ejemplo al niño debe hacerse, pues es entonces se vivirán mutuamente los múltiples beneficios del agua natural.

Menús Completos

MENÚS DE LOS 12 A LOS 18 MESES

De los tres meses al año

Los alimentos correspondientes al período del primer año se encuentran en el apartado «La alimentación hasta el año, mes a mes» (pág. 63).

Seguidamente se indican menús y recetas más complejas para niños mayores de un año. Los números pequeños que acompañan a las recetas aluden a las fichas con la explicación correspondiente, que aparecen a partir de la pág. 123.

Del año a los 18 meses

A partir del año pueden administrarse al niño cuatro tomas de alimento diarias, siendo las más consistentes el desayuno y la comida, y más ligera la cena.

Todo lo que se administra a esta edad conviene que esté triturado. Tanto líquidos como sólidos se darán sin biberón con la finalidad de que ensalive correctamente el alimento y así pueda digerirlo mejor.

Hay que observar las reacciones del organismo del bebé tras la ingestión de nuevos alimentos. A la **menor irregularidad lo más prudente es suprimir experimentalmente durante un tiempo el alimento sospechoso de provocarle alteraciones.**

Seguidamente se expone un menú completo para 20 días. Las papillas propuestas a partir de los tres meses pueden ser administradas también en este período aumentando la cantidad de los ingredientes y combinándolos con los nuevos alimentos.

EJEMPLOS DE MENÚS

I

Desayuno:
— *Papilla de crema de arroz.*
— *Compota de manzana*[56].

Almuerzo:
— *Zumo de naranja o uva.*

Comida:
— *Puré de tomate.*
— *Caldo de verdura con fideos y yema de huevo*[54].

Merienda:
— *Puré de fruta del tiempo*[57] *con yogur.*
— *3 ó 4 galletas.*

Cena:
— *Papilla de tapioca con leche*[2].

II

Desayuno:
— *Crema de avena con plátano*[60].

Almuerzo:
— *Jugo de tomate.*

Comida:
— *Caldo de puerro*[1] *y levadura de cerveza.*
— *Patatas hervidas, horneadas y posteriormente chafadas con leche.*

Merienda:
— *Queso fresco con fruta del tiempo triturada.*

Cena:
— *Leche acompañada de galletas integrales.*

III

Desayuno:
— *Zumo de naranja.*
— *15 minutos después: leche con magdalenas de harina integral y una cucharada de polen.*

Almuerzo:
— *Un yogur con miel.*

Comida:
— *Puré de espinacas con mantequilla y patatas*[48].
— *Fruta chafada con un tenedor.*

Merienda-cena:
— *Huevo pasado por agua con trocitos de pan integral tostado.*
— *Fruta chafada o rallada.*

IV

Desayuno:
— *Leche de almendra con galletas.*
— *Una cucharada de lecitina de soja.*

Almuerzo:
— *Yogur con miel.*

Comida:
— *Asado de patatas y verdura*[17] *(tomate, champiñones, berenjena y ajo).*
— *Tortilla a la francesa.*

Merienda-cena:
— *Papilla de frutas con yogur y almendra rallada y un trozo de bizcocho de harina integral.*

V

Desayuno:
- Jugo de fruta del tiempo.
- Copos de avena cocidos con leche y miel.

Almuerzo:
- Fruta del tiempo.

Comida:
- Arroz integral con verduras[21].
- Jugo de tomate.

Merienda-cena:
- Papilla de fruta del tiempo.
- Queso fresco y magdalenas integrales.

VI

Desayuno:
- Infusión de hinojo.
- Leche con bizcocho integral.

Almuerzo:
- Yogur con miel y una cucharada de polen.

Comida:
- Crema de calabaza[7].
- Carne vegetal.

Merienda-cena:
- Hervido de judías y patatas.
- Yogur.

VII

Desayuno:
- Leche de chufa.
- Plátano chafado con zumo de naranja y galletas.

Almuerzo:
- Jugo de zanahorias[5].

Comida:
- Puré de verduras con macarrones al gluten[53] y huevo duro rallado.

Merienda-cena:
- Tazón de leche con galletas integrales y germen de trigo (véase dosis en tabla de introducción de alimentos).

VIII

Desayuno:
- Leche con harina integral de trigo.

Almuerzo:
- Horchata de chufa.

Comida:
- Guiso de zanahoria y guisantes con gluten triturado[31].

Merienda-cena:
- Papilla de fruta con yogur y bizcocho casero.
- Una cuchara de polen.

IX

Desayuno:
- Infusión de anís.
- Leche con galletas integrales.

Almuerzo:
- Jugo de frutas.

Comida:
- Arroz de verduras[21].
- Jugo de tomate.

Merienda-cena:
- Queso fresco.
- Yogur con miel.

X

Desayuno:
- Leche de soja[80] con miga de pan integral.

Almuerzo:
- Jugo de fruta.

Comida:
- Guiso de arroz, tomate, apio y puerro[6].
- Jugo de verduras.
- Flan.

Merienda-cena:
- Huevo al plato[52] con tomate rallado.
- Yogur con fruta triturada.

XI

Desayuno:
- Infusión de anís.
- Crema de avena[60].

Almuerzo:
- Fruta del tiempo con nueces ralladas.

Comida:
- Albóndigas de patata[55].
- Caldo de verduras con puerro y soja deshidratada.

Merienda-cena:
- Yogur con fruta del tiempo y bizcocho casero todo ello en papilla.

XII

Desayuno:
- Leche de almendras y plátano chafado con galletas y zumo de naranja.

Almuerzo:
- Zumo de naranja con miel y una cucharada de polen.

Comida:
- Puré de lentejas.
- Compota de manzana[56].

Merienda-cena:
- Requesón.
- Fruta chafada y leche de soja.

XIII

Desayuno: — *Leche de vaca con galletas integrales.*

Almuerzo: — *Yogur con miel.*

Comida: — *Papilla de maíz tierno, huevo, tomate y pimiento.*
— *Manzana rallada.*

Merienda-cena: — *Puré de patatas cocidas con mantequilla y almendras rallada.*
— *Jugo de fruta.*

XIV

Desayuno: — *Kéfir con bizcocho casero.*

Almuerzo: — *Jugo de fruta.*

Comida: — *Jugo de verduras y potaje de garbanzos con acelgas*[30].

Merienda-cena: — *Leche con harina de maíz.*

XV

Desayuno: — *Zumo de naranja.*
— *A los 10 minutos: leche de almendras con gallestas.*

Almuerzo: — *Yogur y fruta.*

Comida: — *Potaje de habichuelas (judías blancas) con corazones de alcachofa*[50].
— *Jugo de verduras.*

Merienda-cena: — *Leche de tapioca, plátano y nueces ralladas.*
— *Fruta del tiempo.*

XVI

Desayuno: — *Infusión de menta.*
— *A los 15 minutos: leche con miga de pan integral.*

Almuerzo: — *Jugo de frutas.*

Comida: — *Estofado de champiñones*[16].
— *Jugo de verduras.*

Merienda-cena: — *Croquetas de berenjena y bechamel*[49].
— *Vaso de leche de vaca fresca.*

XVII

Desayuno: — *Kéfir con magdalenas integrales.*

Almuerzo: — *Jugo de frutas.*

Comida: — *Estofado de champiñón*[16].
— *Jugo de verduras.*

Merienda-cena: — *Croquetas de berenjena con bechamel*[49].
— *Vaso de leche de vaca fresca.*

XVIII

Desayuno: — *Leche de vaca con bizcocho casero.*

Almuerzo: — *Jugo de zanahoria*[5].

Comida: — *Crema de puerros*[8] *con gluten.*
— *Tomate rallado.*

Merienda-cena: — *Papilla de frutas.*
— *Yogur.*
— *Galletas.*

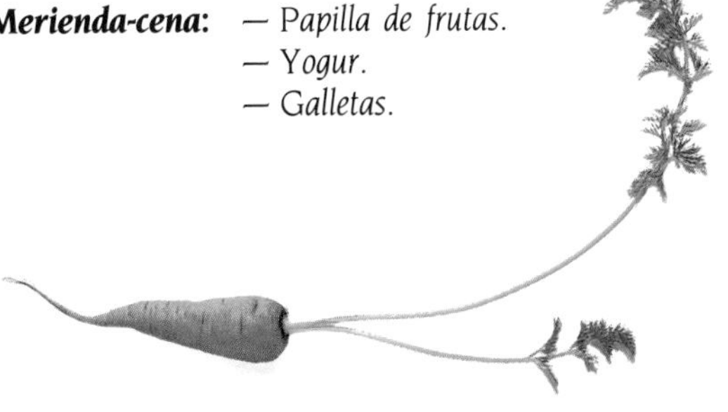

XIX

Desayuno: — *Infusión de hierbabuena.*
— *Yogur con miel.*
— *Fruta rallada con almendras.*

Almuerzo: — *Jugo de frutas.*

Comida: — *Croquetas de patata*[39] *y caldo de verduras con germen de trigo*[51].
— *Una pera rallada.*

Merienda-cena: — *Leche con cereal (maíz, trigo, avena o arroz).*

XX

Desayuno: — *Leche fresca de vaca y un cereal.*

Almuerzo: — *Jugo de fruta.*

Comida: — *Caldo de verduras con tapioca.*
— *Huevo pasado por agua y pan integral.*

Merienda-cena: — *Leche de soja.*
— *Papilla de frutas y fruta seca triturada.*

DE LOS 18 MESES A LOS 2 AÑOS Y MEDIO

En este tiempo y no se trituran las comidas: se chafan con el fin de que el niño se acostumbre a masticar, exceptuando las legumbres secas y los cereales integrales, que por su dureza se darán bien triturados.

Recordamos la importancia de administrar jugos de verduras crudas. En el caso que el niño los rechace por su sabor, se mezclarán con los purés, sopas y guisos momentos antes de servirlos. A esta edad el niño puede tomar todas las verduras crudas.

I

Desayuno: — *Jugo de fruta.*
— *Vaso de leche con copos de avena.*

Almuerzo: — *Infusión de hinojo y alguna fruta seca.*

Comida: — *Jugo de tomate.*
— *Guiso de albóndigas*[36] *de soja deshidratada.*

Cena: — *Leche de soja.*
— *Papilla de fruta y fruta seca triturada.*

II

Desayuno: — *Infusión de menta con miel.*
— *Algunas rebanadas de pan con requesón y miel.*
— *Nueces ralladas.*

Almuerzo: — *Yogur.*

Comida: — *Jugo de verduras.*
— *Guiso de calabacín con queso fresco*[45] *y huevo.*
— *Manzana asada.*

Cena: — *Vaso de leche con bizcocho integral.*
— *Fruta del tiempo.*

III

Desayuno: — *Papilla de trigo con leche.*

Almuerzo: — *Infusión de manzanilla y fruta del tiempo.*

Comida: — *Jugo de tomate.*
— *Arroz integral con calabaza*[13].

Cena: — *Papilla de plátano con galletas y zumo de naranja (una cucharada de germen de trigo en la papilla).*

IV

Desayuno: — *Leche con galletas integrales y polen.*

Almuerzo: — *Jugo de fruta e higos secos.*

Comida: — *Habichuelas en caldo*[62].
— *Fruta del tiempo.*

Cena: — *Huevo pasado por agua con pan integral y fruta del tiempo.*

V

Desayuno: — *Yogur con muesli.*

Almuerzo: — *Jugo de zanahoria*[5].

Comida: — *Jugo de verduras.*
— *Crema de verduras del tiempo*[22].
— *Croquetas*[49].

Cena: — *Tortilla a la francesa.*
— *Patatas hervidas con aceite crudo.*
— *Fruta del tiempo.*

VI

Desayuno: — *Leche con bizcocho integral.*
— *Una cucharada de germen de trigo.*

Almuerzo: — *Jugo de manzana con almendras ralladas.*

Comida: — *Ensalada de verdura cruda o rallada.*
— *Guiso de patatas, verdura y soja germinada*[63].

Cena: — *Queso fresco a la sarten*[90].
— *Frutos secos rallados y compota de manzana*[56].

VII

Desayuno: — *Zumo de naranja.*
— *Leche con tostadas y mantequilla.*

Almuerzo: — *Infusión de anís.*

Comida: — *Jugo de verduras.*
— *Puré de guisantes, patata y queso horneado*[64].

Cena: — *Dos rodajas de carne vegetal con pan.*
— *Yogur.*

VIII

Desayuno: — *Leche con copos de cereal.*

Almuerzo: — *Jugo de fruta.*

Comida: — *Ensalada de patata*[65] *(para el verano: patatas cocidas con verduras crudas y huevo).*

Cena: — *Huevos al plato*[52] *con jugo de tomate.*
— *Yogur.*

IX

Desayuno: — *Yogur con muesli.*

Almuerzo: — *Fruta seca con jugo de manzana.*

Comida: — *Zanahoria rallada.*
— *Sopa de copos de avena*[66].
— *Plátano con naranja chafado.*

Cena: — *Hervido de patata y verdura de tiempo.*
— *Leche de soja*[80] *y almendras.*

X

Desayuno: — *Leche y tostadas.*

Almuerzo: — *Jugo de verduras.*
— *Pan con «paté vegetal».*

Comida: — *Jugo de tomate.*
— *Tarta de verduras*[67].
— *Gluten con tomate.*

Cena: — *Sopa de verduras con fideos*[54].
— *Requesón con miel.*

XI

Desayuno: — *Leche con un cereal.*

Almuerzo: — *Tostadas con crema de alcachofa.*

Comida: — *Jugo de verduras.*
— *Guiso de soja verde*[68].
— *Fruta.*

Cena: — *Papilla de fruta.*
— *Yogur y galletas.*

XII

Desayuno: — *Copos de avena con leche.*

Almuerzo: — *Infusión y fruta del tiempo.*

Comida: — *Jugo de verduras.*
— *Guiso de judías y huevo*[9].
— *Compota de manzana*[56].

Cena: — *Queso fresco a la sartén*[90].
— *Papilla de plátano.*
— *Yogur.*

XIII

Desayuno: — Leche con bizcocho y una cucharada de lecitina de soja.

Almuerzo: — Yogur.

Comida: — Jugo de tomate.
— Guiso de arroz integral a la olla a presión[6].

Cena: — Papilla de fruta con yogur.
— Una rebanada de pan con mantequilla de sésamo.

XIV

Desayuno: — Infusión de hierbabuena.
— Tostadas con mermelada y mantequilla.

Almuerzo: — Yogur con nueces ralladas.

Comida: — Queso fresco.
— Guisantes a la escocesa[29].
— Manzana rallada.

Cena: — Huevo pasado por agua.
— Fruta.

XV

Desayuno: — Yogur con muesli.

Almuerzo: — Infusión y fruta del tiempo.

Comida: — Jugo de verduras.
— Puré de patatas con cebolla y soja deshidratada[41].

Cena: — Leche con cereal (copos de trigo).
— Pera.

XVI

Desayuno: — Leche con galletas y una cucharada de germen de trigo.

Almuerzo: — Jugo de manzana.

Comida: — Ensalada de verduras[94] con puré de boniato[70].

Cena: — Dos rebanadas de pan con carne vegetal.
— Yogur.

XVII

Desayuno: — Leche con bizcocho casero y fruta seca.

Almuerzo: — Yogur.

Comida: — Verdura cruda rallada.
— Estofado de macarrones con gluten[40].

Cena: — Huevo en tortilla a la francesa.

XVIII

Desayuno: — Yogur con muesli.

Almuerzo: — Zumo de zanahoria.
— Higos secos.

Comida: — Jugo de tomate.
— Arroz con algas iziqui[27].
— Compota de manzana[56].

Cena: — Macedonia de fruta[79] con nata.
— Rebanadas de pan dextrinado con «paté vegetal».

XIX

Desayuno: — Leche con copos de avena.

Almuerzo: — Infusión con dos rebanadas de pan con crema de sobrasada vegetal.

Comida: — Jugo de verduras.
— Garbanzos con acelgas[30].

Cena: — Queso fresco con miel y horchata de sésamo[78].

XX

Desayuno: — Yogur con bizcocho integral.

Almuerzo: — Fruta del tiempo.

Comida: — Zanahoria rallada.
— Croquetas de bechamel con verduras[49].
— Patatas cocidas con piel.

Cena: — Vaso de leche con tostadas de mantequilla y mermelada.
— Pera o manzana.

DE LOS DOS AÑOS Y MEDIO EN ADELANTE

A esta edad el niño ya posee una dentadura capaz de masticar verduras crudas, granos y legumbres.

Se le puede dar pues la comida troceada, pero sin chafar. Es el momento de variar y condimentar correctamente su alimento para que se habitúe a todo tipo de comidas.

A continuación se ofrece un ejemplo de platos, pero pueden prepararse exquisitos menús a partir de cualquier libro de recetas ovo-lacto-vegetarianas, ya que el niño está preparado para ingerir los más variados alimentos.

I

Desayuno: — *Macedonia de fruta con yogur y un cereal germinado con miel.*

Comida: — *Ensalada de col cruda con verduras.*
— *Pastel de cebolla*[83].

Merienda: — *Yogur o kéfir.*

Cena: — *Consomé*[84] *de verduras.*
— *Rebanadas de pan integral con «paté vegetal».*

II

Desayuno: — *Leche con muesli.*

Comida: — *Ensalada clásica de tomate y lechuga.*
— *Arroz chino*[85].

Merienda: — *Zumo de frutas del tiempo.*

Cena: — *Yogur con nueces ralladas y magdalena de harina integral.*

III

Desayuno: — *Leche de soja*[80] *o almendra.*
— *Fruta del tiempo.*
— *Pan con mantequilla.*

Comida: — *Ensalada de lechuga y manzana.*
— *Pizza*[104].

Merienda: — *Yogur.*

Cena: — *Fresas con nata y bizcocho casero.*
— *Manzana.*

IV

Desayuno: — *Kéfir con plátano y almendra rallada.*

Comida: — *Ensalada de queso.*
— *Crema de zanahoria y calabaza*[7].
— *Croquetas de cebolla y berenjena*[49].

Merienda: — *Compota de manzana*[56].

Cena: — *Huevo pasado por agua con pan integral.*
— *Manzana asada.*

V

Desayuno: — *Vaso de leche con copos de trigo.*

Comida: — *Ensalada de lechuga y champiñones.*
— *Macarrones con guisantes*[86].

Merienda: — *Jugo de fruta del tiempo.*

Cena: — *Empanadas*[87] *con cebolla.*
— *Jugo de verduras.*

VI

Desayuno: — *Leche con galletas y lecitina de soja.*

Comida: — *Ensalada de col con remolacha.*
— *Huevos rellenos*[88] *con patatas hervidas.*

Merienda: — *Infusión de hinojo.*

Cena: — *Crema de vainilla.*
— *Fruta fresca.*

VII

Desayuno: — *Kéfir o yogur con fruta fresca.*

Comida: — *Gazpacho*[72].
— *Menestra de verduras del tiempo*[89] *y fritos de queso*[90]

Merienda: — *Jugo de uva.*

Cena: — *Ensalada de germinados y patatas hervidas.*
— *Flan.*

VIII

Desayuno: — *Zumo de naranja.*
— *A los tres minutos: leche con bizcochos.*

Comida: — *Ensalada de trigo germinado.*
— *Espinacas con bechamel*[91].

Merienda: — *Yogur y fruta.*

Cena: — *Zanahoria rallada con aceite y canela.*
— *Tostadas con crema de alcachofa.*

IX

Desayuno: — *Leche vegetal y macedonia de fruta del tiempo.*

Comida: — *Sopa de verduras.*
— *Espaguetis con champiñones*[92].

Merienda: — *Dátiles con yogur.*

Cena: — *Ensalada de patata*[65].
— *Flan.*

X

Desayuno: — *Yogur con bizcocho integral y melaza.*

Comida: — *Ensalada de verduras asadas*[94].
— *Tortas de soja deshidratada*[25].

Merienda: — *Jugo de zanahoria*[5].

Cena: — *Harina de castaña con plátano.*

XI

Desayuno: — *Leche con muesli.*

Comida: — *Ensalada de patata y berros.*
— *Tortas de queso y patata, llamadas de «pescado vegetal»*[95].

Merienda: — *Jugo de manzana.*

Cena: — *Tostadas con «paté de champiñones».*
— *Fruta del tiempo.*

XII

Desayuno: — *Muesli con yogur.*

Comida: — *Ensalada de col y zanahoria.*
— *Patatas rellenas*[96].
— *Alcachofas a la plancha*[97].

Merienda: — *Infusión de anís.*

Cena: — *Papilla de fruta con nueces ralladas y copos de avena.*

XIII

Desayuno: — *Leche con bizcocho integral.*

Comida: — *Ensalada de fruta.*
— *Tortas chinas*[98] *de cebolla.*
— *Calabacín con queso*[45].

Merienda: — *Jugo de verduras.*

Cena: — *Croquetas de patata*[39] *y tortilla a la francesa.*

XIV

Desayuno: — *Compota de manzana*[56].
— *Queso fresco con miel o membrillo y pan integral.*

Comida: — *Ensalada «Marcel».*
— *Potaje de albóndigas de germen de trigo*[99].

Merienda: — *Zumo de naranja.*

Cena: — *Vaso de leche con copos de avena.*

XV

Desayuno: — *Kéfir o yogur con bizcocho integral.*

Comida: — *Ensalada de judías blancas*[100] *(para el verano).*
— *Morcilla vegetariana.*

Merienda: — *Horchata de sésamo*[78].

Cena: — *Dos rodajas de carne vegetal a la plancha con tomate picado.*

XVI

Desayuno: — *Macedonia de frutas del tiempo.*
— *Yogur.*

Comida: — *Ensalada con salsa de queso.*
— *Berenjenas rellenas*[102].

Merienda: — *Jugo de zanahoria*[5].

Cena: — *«Vichyssoise»*[103].
— *Manzana rallada.*

XVII

Desayuno: — *Leche con tostadas (de mantequilla y mermelada).*

Comida: — *Ensalada con remolacha.*
— *Arroz a la cubana*[105].

Merienda: — *Yogur.*

Cena: — *Hervido de patatas y verdura del tiempo.*
— *Flan casero.*

XVIII

Desayuno: — *Leche con muesli.*

Comida: — *Ensalada de tomate.*
— *Trigo a la cazuela*[106].

Merienda: — *Jugo de manzana.*

Cena: — *Ensalada de fruta con yogur y frutos secos.*

XIX

Desayuno: — *Yogur con polen y galletas integrales.*

Comida: — *Ensalada de puré de patata y queso*[23] *(para el verano).*
— *Tomates rellenos*[107].

Merienda: — *Fruta del tiempo.*

Cena: — *Leche de soja*[80].
— *Fruta del tiempo.*

XX

Desayuno: — *Yogur.*
— *Germen de trigo y fruta dulce.*
— *Pan dextrinado.*

Comida: — *Ensalada de aguacate.*
— *Pastel de berenjenas*[108] *y tomate.*

Merienda: — *Dátiles con zumo de naranja.*

Cena: — *Sopa de avena*[66].
— *Manzana.*

RECETAS

RECETAS PARA EL PRIMER AÑO

Cuarto Mes

Caldo de puerros 1

Ingredientes:
— *2 puerros;*
— *1 tomate maduro;*
— *2 patatas;*
— *la punta de una cucharilla de levadura de cerveza.*

Se cuece todo a trozos pequeños. Se retira la verdura después de la cocción, dejando la patata. Se tritura, evitando que espese y se añade un poco de aceite y sal una vez triturada.

Caldo de sémola de arroz 2

Ingredientes:
— *1 zanahoria;*
— *sémola;*
— *aceite y sal.*

Se prepara de igual forma que el anterior. La sémola se añade cuando el agua está hirviendo y en poquita cantidad.

Caldo de apio y patata 3

Ingredientes:
— *1 patata;*
— *laurel;*
— *unas hojas de apio;*
— *¼ de cebolla;*
— *medio tomate.*

Se prepara de igual forma que el anterior.

Caldo de tapioca 4

Ingredientes:
— *tapioca;*
— *puerro y zanahoria;*
— *aceite y sal.*

Se prepara de la misma forma que el caldo con sémola de arroz (receta n.º 2).

Jugos de verduras crudas 5

- *Jugo de tomate.*
- *Jugo de zanahoria.*

FRUTAS

- Zumo de naranja y manzana cocida y triturada.
- Manzana asada con miel y triturada.
- Media pera y media manzana cocida, trituradas juntas.
- Medio plátano, naranja y media manzana.
- Jugo de uva con melocotón.

Quinto Mes

A las papillas anteriores se añaden las siguientes:

VERDURAS

Guiso de arroz 6

Ingredientes:
— *1 taza de arroz;*
— *1 tomate;*
— *hojas de apio;*
— *3 puerros.*

Se trocean las hojas de apio, puerros y tomate. Se añade una cucharada de aceite y el agua hirviendo con algún jugo de verduras. Se hierve todo con el arroz, triturándose al final.

Crema de calabaza 7

Ingredientes:
— *¼ calabaza;*
— *2 patatas;*
— *media cebolla:*
— *1 diente de ajo;*
— *leche.*

Se cuece todo con poca agua. Se añade la leche al final de la cocción. Se tritura y queda como una crema.

Crema de puerros 8

Ingredientes:
— *3 puerros;*
— *2 patatas;*
— *leche.*

Se cuece en agua y se tritura todo. Luego se añade leche y margarina vegetal y tomillo y comino al final de la cocción. Se tritura.

VERDURAS CRUDAS

- Jugo de alfalfa. Véase forma de preparación en el apartado «Alimentos de alto valor biológico».
- Jugo de tomate con cebolla.

FRUTAS

- Se trituran plátano, manzana, media pera, 3 cucharadas de yogur y sirope de manzana para endulzar.
- Plátano, 3 cucharadas de yogur, 2 fresas (si es el tiempo) y zumo de naranja. Se tritura.
- Plátano, pera, zumo de naranja, 4 ó 5 cucharadas de yogur y media cucharilla de polen. Se tritura todo.

Sexto Mes

A las anteriores papillas pueden añadirse las siguientes:

VERDURAS

Judías con huevo 9

Ingredientes:
— *5 judías verdes;*
— *2 patatas;*
— *1 tomate;*
— *¼ cebolla;*
— *media yema de huevo cocida.*

Se cuece todo y se tritura.

Arroz con pimiento 10

Ingredientes:
— *medio pimiento rojo;*
— *2 patatas;*
— *laurel;*
— *tomate;*
— *cebolla;*
— *arroz*

Se cuece y se tritura todo. No debe quedar muy espeso. Se añade después de la cocción media cucharilla de levadura alimentaria.

Guiso de patatas con guisantes 11

Ingredientes:
— *1 tomate;*
— *2 dientes de ajo;*
— *media cebolla;*
— *1 zanahoria;*
— *laurel y patatas.*

Se cuece todo y se tritura.

VERDURAS CRUDAS

- Tomate, pimiento y ajo mezclados con algún hervido.

FRUTAS

- Las mismas papillas que en los meses anteriores pero con medio yogur y algunas galletas.

Séptimo Mes

Se añaden las siguientes recetas:

VERDURAS

Guiso de maíz tierno 12

Ingredientes:
- *250 g. de maíz tierno;*
- *media yema de huevo;*
- *un pedacito de pimiento rojo;*
- *1 tomate; media cebolla.*

Se cuece todo troceado. El huevo se añade cocido al final. Se tritura.

Arroz integral 13

Ingredientes:
- *una taza de arroz integral;*
- *150 g. de calabaza;*
- *250 g. de judías verdes;*
- *media cebolla.*

El arroz se cuece solo en abundante agua, se tritura con el agua y se tamiza para que la fibra quede retirada. El resto de los ingredientes se cuecen en poca agua. Se mezclan con el arroz y se añade alguna hierba al gusto.

Puré de verduras con queso fresco 14

Ingredientes:
- *patata;*
- *zanahoria;*
- *cebolla;*
- *ajo;*
- *puerro.*

Se cuece todo. Aparte, se ablanda queso fresco en una sartén con unas gotas de limón. Se tritura todo junto.

Crema de calabacín 15

Ingredientes:
- *calabacín;*
- *patata;*
- *laurel;*
- *queso fresco;*
- *media yema de huevo.*

Se hierve todo y se tritura con un poco de menta fresca.

FRUTAS

- Se añade a las papillas fruta de hueso (ciruela, cereza, melocotón, etc.), jugo de sandía y pequeñas cantidades de melón.

Octavo Mes

VERDURAS

Estofado de champiñones 16

Ingredientes:
- *cebolla;*
- *champiñones;*
- *patata;*
- *laurel;*
- *aceite y sal.*

Se rehogan en un poco de aceite la cebolla y los champiñones ya troceados y se añaden las patatas a trozos, el laurel y la sal. Se cuece y se tritura.

Asado de verduras 17

Ingredientes:
- *ajo;*
- *cebolla;*
- *berenjena;*
- *tomate maduro;*
- *perejil;*
- *patata;*
- *aceite y sal;*
- *2 vasos de agua.*

Se pica todo en crudo añadiendo la sal, el agua y el aceite en último término. Se asa en el horno hasta que estén blandas las verduras. Se tritura al final.

Guiso de verduras del tiempo 18

Ingredientes:
- *cebolla;*
- *ajo;*
- *tomate.*

Se añaden posteriormente judías verdes, el corazón de dos alcachofas y pimiento rojo. Se cuece y se tritura.

Arroz integral con huevo 19

Ingredientes:
- *huevo;*
- *arroz;*
- *un cubito de caldo vegetal;*
- *cebolla picada;*
- *1 cucharada de mantequilla;*
- *laurel;*
- *un poco de tomillo y sal.*

Se cuece todo excepto el huevo que se cuece aparte. Una vez hecho el arroz se añade la yema de huevo correspondiente a esta edad. Se tritura junto con un tomate crudo.

Habas tiernas con tapioca 20

Ingredientes:
- *7 u 8 habas tiernas;*
- *media cebolla;*
- *5 ajos tiernos;*
- *tapioca;*
- *laurel;*
- *aceite y sal.*

Se rehogan la cebolla y los ajos tiernos. Se añaden las habas sin la piel, así como la tapioca. Se chafa muy bien y se sirve.

FRUTAS

- Papilla con fruta del tiempo y un yogur entero.
- El sésamo mezclado en guisos o con leche se introduce a esta edad. La forma de preparación se encuentra en la pág. 82.

9-11 Meses

Se introduce la soja (deshidratada, en preparados llamados «carnes vegetales»), y la harina y la leche de vaca diluida entre otros alimentos.
Añadiremos a las papillas anteriores las siguientes:

VERDURAS

Arroz con verduras 21

Ingredientes:
- *1 taza de arroz integral;*
- *media cebolla;*
- *1 tomate;*
- *2 dientes de ajo;*
- *verdura del tiempo (pimiento, judías, alcachofa, guisantes, etc.);*
- *apio.*

Se rehogan la cebolla, el ajo y el tomate y después la verdura. Cuando se haga un poco, se añade el arroz, y el agua. Se tritura y se apartan las fibras de las verduras.

Crema de verduras variadas 22

Ingredientes:
- *verduras variadas;*
- *2 zanahorias;*
- *2 patatas;*
- *media cebolla;*
- *espinacas;*
- *nata líquida;*
- *leche;*
- *comino.*

Se cuecen las verduras con poca agua y sal. Se añade la leche y una cucharada de nata líquida antes de triturar.

Puré de patatas al horno 23

Ingredientes:
- *2 patatas;*
- *150 g. de guisantes;*
- *mantequilla;*
- *sal y laurel;*
- *queso rallado (poco).*

Se cuece y se tritura. Se pone en el horno con queso rallado por encima. Se retira cuando esté dorado.

Patatas cocidas con verduras crudas 24

Ingredientes:
- *patatas;*
- *2 tomates maduros;*
- *1 zanahoria rallada;*
- *aceite de oliva;*
- *orégano;*
- *una yema de huevo cocida.*

Las patatas se chafan con un tenedor una vez cocidas. Se mezclan con el tomate rallado, la zanahoria, el huevo, el orégano, y el aceite (es un plato especial para el verano).

Tortas de soja deshidratada 25

Ingredientes:
- *patata;*
- *yema de huevo;*
- *pan rallado;*
- *soja deshidratada;*
- *cebolla.*

Se cuecen las patatas. Se remoja durante unos minutos la soja deshidratada para que se ablande o bien se cuece durante 5 minutos (además de ablandarla se suaviza el sabor); una vez blanda se escurre con la mano y se mezcla con la patata, el huevo y el pan rallado formando una torta plana. Se rehoga la cebolla y se añade también. Estas tortas se doran con un poco de aceite en la sartén por las dos caras. *No se le darán al niño antes de los 11 meses.*

Guiso de alcachofa 26

Ingredientes:
- *cebolla tierna;*
- *ajos;*
- *corazones de alcachofa;*
- *limón;*
- *sal.*

Se rehogan la cebolla tierna y los ajos. Posteriormente se introducen las alcachofas, la sal, el aceite y un chorrito de limón. Se cuece con poca agua y se chafa con tenedor. Para hacerlo más consistente se le puede añadir patata, sémola o tapioca.

VERDURAS CRUDAS

- Batido de aguacate: se bate el aguacate con leche y miel y se sirve frío.

FRUTAS

- Crema de chirimoya: se pela la chirimoya y se separan las semillas. La pulpa se tritura con la nata.
- Tapioca con plátano: Se cuece la tapioca con la leche añadiendo al final el plátano chafado y la miel. Al cabo de un rato se deja enfriar en el refrigerador.

CEREALES

Los niños de esta edad pueden tomar cereales con leche una vez al día, empezando preferentemente por los precocidos, de venta en farmacias que se utilizarán solo como alimentos de transición, ya que a partir del año de vida el niño puede tomar cereales integrales mucho más nutritivos que los anteriores (ver forma de preparación en pág. 69).
Las primeras harinas deben darse solas, es decir, sin que sean mezcladas con otros cereales o granos. Ejemplos:
- Harina de trigo precocida con leche.
- Crema de harina de avena con plátano. Se hierve con el plátano chafado unos minutos.
- Harina de maíz con leche.
- Al décimo mes se le puede dar harina de soja con leche.

Doce Meses

Se introducen el gluten, el huevo entero, las legumbres, la fruta seca, las harinas integrales y el germen de trigo, entre otros alimentos.

Arroz integral con algas Iziki 27

Ingredientes:
- Arroz integral;
- cebolla;
- ajo;
- tomate;
- algas iziki (se encuentran en tiendas de dietética), son negras, filamentadas y delgadas).

Se rehogan la cebolla, el ajo y el tomate. Se vierten el arroz y el agua hirviendo al sofrito. Las algas se introducen unos minutos antes de terminar la cocción. Se tritura todo evitando que quede espeso. Se utiliza la olla a presión.

Lentejas 28

Ingredientes:
- lentejas;
- cebolla y ajo;
- perejil;
- laurel;
- apio;
- zanahoria;
- tomates;
- pimentón;
- aceite y sal.

Se introduce todo en la olla a presión durante 25 minutos.

Guisantes a la escocesa 29

Ingredientes:
- guisantes;
- 1 nabo;
- 1 zanahoria;
- ½ cebolla;
- 3 hojas de lechuga;
- 1 cucharada de harina de soja;
- 50 g. de mantequilla;
- soja deshidratada;
- sal.

Se rehoga la cebolla con un poco de mantequilla. Se incorporan el resto de los ingredientes y se añade agua. Cinco minutos antes de retirarlo del fuego se le añade la harina de soja amasada con un poco de mantequilla y finalmente se tritura.

Garbanzos con acelgas 30

Ingredientes:
- Cebolla;
- tomate;
- ajo;
- garbanzos;
- 1 huevo;
- patatas;
- acelgas;
- sal y aceite.

Se hace un sofrito con la cebolla, el ajo y el tomate. Se añaden posteriormente los garbanzos, las patatas y las acelgas. El huevo se fríe con unos ajos y se machaca en el mortero. Se añde al guiso cinco minutos antes de finalizar la cocción.

GLUTEN

La forma de prepararlo se encuentra en la pág. 88.

Guiso de verduras con gluten 31

Ingredientes:
- cebolla y ajo;
- tomate;
- gluten preparado;
- verduras del tiempo (corazones de alcachofa, guisantes, pimiento rojo, apio);
- patatas.

Se hace un sofrito con cebolla, ajo y tomate; y se añaden las verduras, las patatas y el gluten ya preparado. Se tritura una vez cocido.

Asado con gluten 32

Ingredientes:
- cebolla;
- patata;
- ajo;
- tomate maduro;
- guisantes;
- gluten preparado.

Se introduce en el horno con tres vasos de agua, todo en crudo. Se añade también sal y aceite.

Gluten picado 33

Se pica el gluten ya preparado para hace rellenos.

POSTRES

Crema de chirimoya 34

Ingredientes:
- 3 chirimoyas;
- fructosa;
- nata montada.

Se pelan las chirimoyas y se les quitan las semillas. Se trituran junto con la nata y se añaden la miel o fructosa (*para niños a partir de 11 meses*).

Tapioca con plátano 35

Ingredientes:
- leche;
- tapioca;
- plátano;
- miel.

Se cuece la tapioca con la leche. Se añaden la miel y el plátano a rodajas. Cuando esté bien cocido se tritura y se pone en el frigorífico.

RECETAS DE LOS 12 A LOS 18 MESES

A partir de los 12 meses, el niño puede comer prácticamente de todo, pero se tendrá la precaución de introducir los alimentos nuevos uno por uno y observando la reacción que producen en el organismo del bebé.
A todas las recetas anteriores pueden añadirse:

Guiso de albóndigas con soja 36

Ingredientes de la masa:
- *pan duro (la parte de dentro de media barra);*
- *3 huevos;*
- *perejil;*
- *3 dientes de ajo;*
- *piñones;*
- *1 cucharada de margarina vegetal;*
- *limón;*
- *sal y pimentón;*
- *azafrán;*
- *nuez moscada;*
- *un vaso de soja deshidratada previamente remojada.*

Ingredientes del guiso o de la salsa:
- *patatas;*
- *alcachofas;*
- *acelgas;*
- *pimiento;*
- *apio;*
- *cebolla;*
- *tomates.*

Se forman las albóndigas con los ingredientes mencionados y se fríen con un poco de aceite. Los huevos se introducen en la masa sin batir para que ligue mejor. Para la salsa, se hace un sofrito de cebolla, ajo y tomate y se añade el resto de la verdura mencionada y agua. Cuando las patatas están hechas se introducen las abóndigas, bajando el fuego y dejando hervir solo 5 minutos más.

Guiso de habichuelas con acelgas 37

Ingredientes:
- *1 cebolla;*
- *500 g. de tomate;*
- *pimentón;*
- *½ cabeza de ajos enteros;*
- *azafrán en hebra;*
- *sal;*
- *patatas;*
- *acelgas y habichuelas previamente hidratadas (dejarlas en remojo un mínimo de 12 horas).*

Se sofríen la cebolla y el tomate triturado, cuando están sofritos se añaden el resto de los ingredientes, el agua y la sal. Las patatas y las acelgas se introducen cuando falten 15 minutos para completar su cocción.

Variante del guiso anterior 38

Se trituran en un mortero, perejil, cominos y ajo picado. Se hace el mismo sofrito. Se añaden los mismos ingredientes que en la receta anterior, más el contenido del mortero.

Croquetas de patata 39

Ingredientes:
- *patatas;*
- *100 g. de queso fresco o requesón;*
- *2 yemas de huevo crudo;*
- *pan rallado;*
- *nuez moscada;*
- *una cucharada de mantequilla;*
- *queso rallado.*

Se cuecen las patatas y se trituran junto con el requesón o queso fresco, se añade la nuez moscada, la mantequilla, las yemas. Se fornan croquetas y se rebozan con pan y queso duro rallado. Se fríen con aceite muy caliente.

Estofado de macarrones y gluten 40

Ingredientes:
- *1 cabeza de ajos;*
- *2 cebollas grandes;*
- *pimentón;*
- *2 clavos de especia;*
- *patatas;*
- *1 vaso pequeño de macarrones;*
- *sal;*
- *gluten o carne vegetal;*
- *aceite y unas gotas de vinagre de manzana.*

Con un poco de aceite se sofríen una cabeza de ajos y 2 cebollas grandes partidas en cuatro pedazos. Cuando se doren se añade pimentón y 2 clavos. Posteriormente se introducen las patatas cortadas a trozos, la carne vegetal, el vinagre y la sal. A los 4 minutos se añade el agua y se cierra la olla. Cuando faltan 10 minutos para terminar la cocción, se añaden los macarrones. Se dejan reposar una vez hechos.

Puré de verduras variadas con soja 41

Ingredientes:
- *soja deshidratada (previamente hidratada);*
- *patatas;*
- *puerro;*
- *acelgas;*
- *calabaza;*
- *nuez moscada;*
- *1 cucharada de margarina y sal.*

Se cuece todo y se tritura, pasándolo por el pasapurés. Una vez triturado se añaden la nuez moscada y la margarina. Se sirve caliente.

Sopa de calabaza 42

Ingredientes:
- *200 g. de cebolla;*
- *400 g. de calabaza dulce;*
- *400 g. de patatas.*

Se rehoga la cebolla finamente cortada; se añade agua hirviendo, la calabaza y la patata a trozos pequeños y la sal.

Sopa de hinojo 43

Ingredientes:
- *zanahoria;*
- *nabo tierno;*
- *hinojo;*
- *acelgas;*
- *corazón de alcachofa;*
- *ajo;*
- *cebolla y perejil;*
- *un manojo de hinojo.*

Se introducen en agua hirviendo la zanahoria, el nabo, las acelgas, las alcachofas y el hinojo. Aparte, se sofríen el ajo y la cebolla picada con tomate y perejil triturado. A mitad de la cocción se introduce el sofrito en el agua hirviendo y se tritura una vez terminada la cocción.

Guiso de «viernes santo» 44

Ingredientes:
- *1 cebolla;*
- *500 g. de tomates;*
- *pimentón;*
- *aceite;*
- *1 pimiento;*
- *500 g. de alcachofas;*
- *500 g. de patatas;*
- *guisantes y un huevo.*

Se fríen el pimiento, las alcachofas, los guisantes, la cebolla y el tomate maduro. Se añaden agua y patatas, hirviéndose de 15 a 20 minutos. Se corta un huevo cocido a rodajas, que se mezclará con el guiso cuando la patata esté hecha. Se deja reposar una vez hecho.

Guiso de calabacín con queso horneado 45

Ingredientes:
- *250 g. patatas;*
- *1 cebolla;*
- *5 dientes de ajo;*
- *laurel;*
- *queso tierno manchego.*

Se hace un sofrito de cebolla y ajo, añadiendo al final los calabacines y las patatas troceadas. Se cubre de agua y se deja cocer 20 minutos. Al final de la cocción se añade el queso por encima. Se mete en el horno hasta que se funda el queso.

Guiso de judías verdes con huevo 46

Ingredientes:
- *judías verdes;*
- *patatas;*
- *1 huevo por persona;*
- *500 g. de tomates;*
- *1 cebolla;*
- *pimentón, azafrán y sal.*

Se sofríe la cebolla; cuando está a medio sofreír se vierte el tomate picado. Posteriormente se añaden las judías troceadas, el pimentón, las patatas en rodajas, el agua, el azafrán y la sal. Aparte se cuecen dos huevos que se añaden al guiso en rodajas cuando falten 5 minutos para terminar su cocción.

Puré de tomate 47

Ingredientes:
- *2 patatas;*
- *2 tomates maduros;*
- *3 hojas de apio;*
- *1 cucharada de salsa de soja;*
- *2 cucharadas de mantequilla;*
- *sal al gusto.*

Se cuecen las patatas con agua, sal y el apio. Se pasan escurridas por el pasapurés. Se trituran los tomates y se cuelan, separando así las

pepitas y las pieles.
Se calienta la mantequilla y se mezcla con el puré de patatas y el tomate ya tamizado, añadiendo un poco de salsa de soja.

Puré de espinacas 48

Ingredientes:
— *2 patatas;*
— *nata líquida;*
— *250 g. de espinacas;*
— *sal.*

Se cuecen las espinacas y las patatas, se pasan por el pasapurés y se añade nata líquida y sal.

Croquetas de bechamel 49

Ingredientes para la bechamel:
— *4 cucharadas de harina;*
— *media cebolla picada;*
— *4 cucharadas de margarina vegetal o mantequilla;*
— *nuez moscada;*
— *4 cucharadas de salsa de soja y leche.*

Se dora en la sartén la cebolla con un poco de aceite. Se retira y disolvemos la margarina vegetal o mantequilla en la sartén, añadiendo la harina y removiéndola junto con la mantequilla; cuando la harina se tueste un poco, se va añadiendo leche lentamente y sin dejar de remover con una espátula de madera. La harina irá subiendo y espesándose; se añadirán entonces la cebolla, la salsa de soja y la nuez moscada, y leche hasta conseguir el volumen de masa deseado.

Para el relleno: se cuece con la verdura deseada (coliflor, espinacas, berenjenas, etc.), se escurre bien y le quita un poco de agua, pasándola por la sartén durante 5 minutos con unas gotas de aceite. Seguidamente se mezcla con la bechamel. Se deja enfriar todo, extendiendo bien la masa. Una vez que se haya enfriado, se corta en trozos y se forma las croquetas, que se rebozan en huevos y después en pan rallado para freírlas por último en abundante aceite caliente.

Habichuelas con alcachofas 50

Ingredientes:
— *1 taza de habichuelas;*
— *500 g. de alcachofas;*
— *un manojo de ajos tiernos;*
— *un trocito de pimiento rojo;*
— *3 patatas;*
— *250 g. de puré de tomates maduros y pimentón.*

Se sofríen el tomate, los ajos tiernos, el pimiento y las alcachofas (los corazones). Se añade agua, el pimentón, las habichuelas (que se habrán dejado en remojo 12 horas) y las patatas. Se cuece todo 20 minutos en la olla a presión.

Caldo de verduras con germen de trigo 51

Ingredientes:
— *1 tomate maduro;*
— *500 gramos de corazones de alcachofa;*
— *laurel;*
— *2 patatas;*
— *media cebolla;*
— *una cucharadita de germen de trigo.*

Se fríen ligeramente la cebolla y el tomate rallado. Se añaden las patatas y las alcachofas, el laurel y el agua. Al final de la cocción se incorpora una cucharada de germen de trigo.

Huevos al plato 52

Ingredientes:
- *tomate maduro y crudo tamizado;*
- *1 huevo;*
- *orégano;*
- *1 cucharada de salsa de soja.*

En el fondo de la cazoleta pequeña se pone el tomate mezclado con la salsa de soja y el orégano. El huevo crudo se vierte encima de la salsa de tomate sin romperlo o batirlo. Se hornea hasta que quede hecho. Si no se tiene horno se pone sobre un cazo de agua hirviendo.

Puré de verduras con macarrones 53

Ingredientes:
- *100 g. de mantequilla;*
- *3 huevos;*
- *apio;*
- *nuez moscada;*
- *1 taza de macarrones (al gluten, al huevo o con verduras);*
- *4 cucharadas de crema de leche.*

Se cuecen todos los ingredientes en agua, cortando finamente la verdura; se tritura todo con el agua de la cocción y se añade al servir la nata líquida.

Caldo de verduras con fideos 54

Ingredientes:
- *1 ajo puerro;*
- *1 tomate maduro;*
- *500 g. de pimiento;*
- *2 dientes de ajo;*
- *1 manojo de espinacas;*
- *fideos;*
- *una hoja de apio;*
- *piñones.*

Se cuece todo con un poco de aceite y sal, cortar finamente los ingredientes y pasar por el pasapurés.

Albóndigas de patata 55

Ingredientes:
- *patatas;*
- *perejil;*
- *sal;*
- *ajos picados;*
- *huevos;*
- *aceite.*

Se cuecen las patatas enteras con agua y sal; cuando están tiernas se pasan por el pasapurés; se añade sal, perejil y ajos picados muy menudos junto con el huevo batido. Una vez amasada la mezcla, se van haciendo las albóndigas pasándolas por huevo y harina y friéndolas un poco hasta que se doren.

POSTRES

Compota de manzana 56

Ingredientes:
- *manzanas;*
- *fructosa;*
- *agua.*

Se cuecen las manzanas peladas y sin semillas. Una vez cocidas se retira del fuego y se añade la fructosa al gusto.

Puré de frutas del tiempo 57

Ingredientes:
- *fruta del tiempo;*
- *yogur;*
- *3 cucharadas de nata líquida;*
- *miel.*

Se trocea fruta del tiempo (en invierno, manzanas, peras, plátanos, zumo de naranja; en verano melocotón, manzana, albaricoque, etc.). Se tritura todo, añadiendo yogur y la nata líquida.

Flan de zumo de naranja 58

Ingredientes:
- *500 c.c. de zumo de naranja;*
- *250 g. de fructosa;*
- *2 cucharadas grandes de maicena;*
- *2 huevos.*

Se carameliza una fuente o molde. Se calienta el zumo de naranja y en otro cacharro aparte se baten los huevos añadiendo la fructosa y la maicena, mezclándolo todo. Esto último se pone en el fuego y poco a poco se le añade el zumo sin parar de remover, durante unos siete minutos. Por último se echa en el molde caramelizado. Se deja enfriar y se sirve.

Arroz con leche 59

Ingredientes:
- *150 g. de arroz;*
- *1 litro de leche;;*
- *sal;*
- *vainilla;*
- *fructosa;*
- *unas cortezas de limón.*

Se calienta la leche; cuando rompe a hervir se añaden la vainilla, un poco de sal, la fructosa y unas cortezas de limón, moviendo continuamente hasta que se quede totalmente cocido. Se deja enfriar.

Crema de avena con plátano 60

Ingredientes:
- *500 c.c. de leche;*
- *150 g. de harina de avena;*
- *miel;*
- *plátano maduro.*

Se calienta la leche y se vierte la avena removiendo bien; cuando espese se le agrega la miel. Se retira del fuego y se añade el plátano cortado a rodajas muy finas. Se sirve templado.

Bizcocho de yogur 61

Ingredientes:
- *1 yogur;*
- *250 g. de harina integral;*
- *3 huevos;*
- *3 cucharadas de aceite de poco gusto;*
- *1 sobre de levadura;*
- *200 g. de fructosa o algo menos;*
- *un limón rallado.*

Se mezcla todo en la batidora excepto la harina que se añadirá cuando el resto de los ingredientes estén bien batidos. A mano, con una espátula de madera, se mezcla bien la harina. Se introduce la masa en un recipiente untado de aceite. Se pone al horno fuerte hasta que suba la masa, momento en que se baja el fuego a mitad de la cocción, durante 30 minutos aproximadamente.

RECETAS DE LOS 18 A LOS 30 MESES

No hay que limitarse a dar a los niños solo los platos indicados en estos meses: todas las que hemos visto hasta ese momento pueden incluirse en su dieta.

Caldo de habichuelas 62

Ingredientes:
- *500 g. de habichuelas;*
- *patatas;*
- *un puñadito de fideos gordos;*
- *media cebolla;*
- *500 g. de tomates maduros pelados;*
- *pimentón;*
- *1 cabeza de ajos entera;*
- *azafrán en hebras y sal.*

Se hierven las judías blancas durante 30 minutos. En una sartén se sofríen la cebolla picada, los tomates y el pimentón.
Se vierten las patatas, los fideos, la cabeza de ajos entera y el sofrito, se deja hervir un cuarto de hora y se tritura.
Las judías blancas se dejarán en remojo la noche anterior.

Guiso de soja verde germinada 63

Ingredientes:
- *alcachofas;*
- *unas hojas de apio;*
- *1 puerro;*
- *300 g. de patatas;*
- *ajos;*
- *200 g. de tomate picado;*
- *unas hojas de laurel;*
- *150 g. de soja germinada (ver pág. 00);*
- *tres cucharadas de salsa de soja;*
- *queso rallado.*

Se hierve litro y medio de agua con las verduras picadas y la soja germinada; pasados 10 minutos se añade la patata cortada a cuadraditos, así como un sofrito de un par de ajos, perejil y los tomates pelados y picados. Se deja cocer y se añade queso rallado al final de la cocción. Por último se tritura.

Puré de guisantes horneado con queso 64

Ingredientes:
- *500 g. de patatas;*
- *250 g. de guisantes;*
- *30 g. de mantequilla;*
- *sal y aceite;*
- *nuez moscada;*
- *queso;*
- *laurel.*

Se cuecen los guisantes y las patatas con laurel, se pasan por el pasapurés, se les añade mantequilla, nuez moscada, la sal y un poquito de aceite de oliva. Se espolvorea se queso rallado y se gratina al horno.

Ensalada de patata 65

Ingredientes:
- *500 g. de patatas;*
- *1 huevo duro;*
- *1 tomate maduro rallado;*
- *pimiento rojo asado;*
- *cebolla rallada.*

Se cuecen las patatas y el huevo duro y se chafan juntos. Se añaden la cebolla rallada, el pimiento asado y el tomate. Se sirve fría.

Sopa de copos de avena 66

Ingredientes:
- *250 g. de cebolla;*
- *250 g. de tomate;*
- *2 puerros grandes;*
- *apio;*
- *ajos;*
- *copos de avena;*
- *hierbabuena.*

Se cuecen todas las verduras, se pasan por el tamiz y se ponen de nuevo al fuego, añadiendo unas cucharadas de copos de avena, según se desee de espesa y unas ramitas de hierbabuena. Se hierve de 7 a 10 minutos.

Tarta de verduras 67

Ingredientes:
- *puré de patatas;*
- *alcachofa;*
- *salsa de tomate;*
- *orégano;*
- *soja deshidratada;*
- *sal y aceite.*

Se cuecen los corazones de alcachofa con la soja deshidratada, sal, aceite y unas cucharadas de salsa de soja. Se tritura, escurriendo bien el agua y añadiendo la salsa de tomate.
En una bandeja de horno se ponen una capa fina de puré de patatas, otra capa de verdura y la soja y otra encima de puré. Se espolvorea queso y mantequilla por encima y se hornea.

Guiso de soja verde 68

Ingredientes:
- *200 g. de soja en grano;*
- *250 g. de verdura variada del tiempo;*
- *sal y aceite;*
- *apio;*
- *salsa de tomate.*

La soja se deja 24 horas en remojo. Se cuece la legumbre. Se añaden la verdura cortada a trocitos, el apio y la salsa de tomate. Se tritura una vez terminada la cocción.

Guiso de judías verdes con huevo 69

Ingredientes:
- *judías verdes;*
- *3 patatas;*

— 1 *huevo por persona;*
— ¼ *de tomates maduros;*
— ½ *cebolla;*
— *pimentón;*
— *sal;*
— *azafrán y aceite.*

Se sofríe la cebolla con el tomate. Seguidamente se añaden las judías troceadas, las patatas en rodajas gordas, el agua, el azafrán y la sal. Los huevos se cuecen aparte y se añaden al guiso en rodajas cuando faltan 5 minutos para terminar la cocción.

Puré de boniato 70

Ingredientes:
— 2 *boniatos;*
— *sal y aceite.*

Se lavan los boniatos y se asan en el horno. Posteriormente se pasan por el pasapurés añadiendo sal y aceite.
Al hacer este plato en verano puede añadírsele un tomate maduro chafado (sin semillas ni piel) y una tortilla francesa cortada a pedacitos muy pequeños. Todo se mezcla.

Estofado de macarrones 71

Ingredientes:
— ½ *cabeza de ajos;*
— 1 *cebolla grande;*
— *pimentón;*
— 2 *clavos;*
— *patatas;*
— *medio vaso pequeñito de macarrones;*
— *sal;*
— 250 *g. gluten o carne vegetal;*
— *aceite;*
— *unas gotas de vinagre de manzana.*

Con un poco de aceite se sofríen la media cabeza de ajos y la cebolla partida en cuatro trozos. Una vez dorados se añaden el pimentón y el clavo, las patatas, la carne vegetal o gluten, el vinagre y la sal. A los 3 ó 4 minutos se añade el agua y se pone todo a cocer. Cuando faltan 10 minutos para terminar la cocción se incorporan los macarrones. Se deja reposar una vez hecho.

Gazpacho 72

Ingredientes:
— 500 *g. de tomates;*
— *medio pepino;*
— *trocitos de pimiento;*
— 2 *dientes de ajo;*
— *un poco de cebolla;*
— *unas gotas de limón;*
— *aceite de oliva y sal.*

Se trituran los ingredientes y se pasan por un tamiz. Se sirve fresquito.

Crema de garbanzos 73

Ingredientes:
— 1 *taza de garbanzos (en remojo);*
— 2 *hojas de apio;*
— 1 *tomate maduro;*
— 1 *cebolla;*
— 2 *dientes de ajo;*
— *aceite y sal marina.*

En una olla con agua hirviendo se introducen los garbanzos dejándolos hervir durante 15 minutos. Se añaden entonces la cebolla picada, los ajos, el tomate pelado y troceado y un poco de aceite, dejándolo hervir durante 30 minutos. Se aparta del fuego y se pasa por la batidora hasta que quede hecho una crema; se vuelve a poner en la olla añadiendo las hojas de apio, se deja unos minutos y se retira del fuego.

Guiso de lentejas con arroz integral 74

Ingredientes:
- 1 *taza de arroz integral;*
- 1 *tomate maduro;*
- 1 *hoja de apio;*
- 2 *dientes de ajo;*
- *un trozo pequeño de calabaza;*
- 1 *pimiento;*
- *un ajo puerro o cebolla;*
- *tomillo y sal.*

La noche anterior se ponen las lentejas a remojo. En una olla grande con agua hirviendo se introducen las lentejas durante 20 minutos. Se añaden entonces el arroz, la calabaza picada, los ajos, el tomate, el pimiento y el ajo puerro, todo bien picado. El comino, tomillo, el apio, la sal y el aceite se introducen también. El conjunto debe hervir durante 30 minutos.

Croquetas de arroz 75

Ingredientes:
- 1 *taza de arroz integral;*
- 1 *cebolla;*
- 1 *pimiento dulce;*
- *pan rallado;*
- *salsa de tomate;*
- 1 *huevo;*
- 2 *dientes de ajo;*
- *aceite y salsa bechamel.*

Se fríen los ajos, la cebolla y el pimiento muy menuditos. Se añaden el arroz, agua y sal. Cuando esté hecho se añade un huevo batido y se deja enfriar. Se hace bechamel. Se forman las croquetas rehogadas con huevo y pan rallado y se fríen con mucho aceite. Se escurren y se comen con salsa de tomate.

Guiso de alcachofas con almendras 76

Ingredientes:
- 10 *almendras;*
- 5 *dientes de ajo;*
- *perejil;*
- *alcachofas;*
- 1 *cucharada de harina.*

Se fríe ajo, cuando se dore se añade perejil y las almendras picadas, posteriormente la harina y el agua.
En una olla se cuecen perfectamente los corazones de alcachofa con poca agua. Se chafan las alcachofas con un tenedor y se añade el sofrito, calentando todo durante unos minutos.

Tortilla de calabacines 77

Ingredientes:
- *huevos;*
- *calabacines;*
- ½ *cebolla;*
- *sal.*

Se fríen los calabacines en poco aceite con la cebolla rallada. Una vez fritos se escurre bien el aceite y se mezclan con huevos batidos.

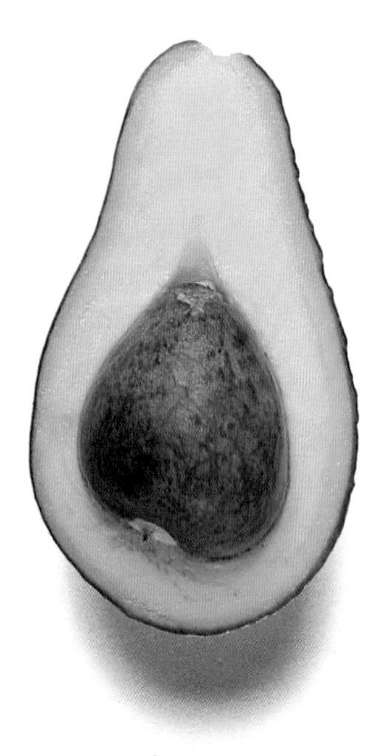

Se confecciona la tortilla en una sartén que no se pegue.

POSTRES

Horchata de sésamo 78

Ver receta en pág. 82.

Macedonia con nata 79

Ingredientes:
- *fruta del tiempo;*
- *nata.*

Se corta a pedacitos pequeños fruta variada del tiempo. Se chafa bien y se añade zumo de naranja y algunas cucharadas de nata montada.

Leche de soja 80

Ingredientes:
- 2 *vasos de soja blanca remojada (es un vaso de soja seca);*
- 3 *vasos de agua.*

Se tritura la soja con el agua y se cuela con una gasa.

Manzanas asadas 81

Ingredientes:
- *manzanas;*
- *miel.*

Se les hace un pequeño agujero en la parte superior y se ponen en una bandeja de horno añadiendo un poco de miel en la hendidura superior. Se pinchan las manzanas con un tenedor por dos o tres sitios y se hornean durante 30 minutos.

Compota de melocotón 82

Ingredientes:
- *melocotón;*
- *limón.*

Se cortan los melocotones por la mitad después de lavarlos, se les quita el hueso y se hierven en agua endulzada y con una cáscara de limón. Para variar este plato puede espesarse con una cucharada de maicena desleída.

A PARTIR DE LOS 2 AÑOS Y MEDIO

Tarta de cebolla 83

Ingredientes para la pasta:
— 200 g. de harina integral de trigo;
— levadura natural;
— 4 cucharadas de aceite;
— un poco de agua o leche;
— una yema de huevo;

Para el revestimiento de la tarta:
— 12 cebollas en rodajas finas;
— 100 g. de queso Emmental rallado.

Se hace la pasta con 3 horas de antelación, mezclando bien todos los ingredientes y se deja reposar en un lugar tibio o bien se añade la levadura química.
En una sartén se fríen las cebollas es muy poco aceite. Una vez doradas se reservan. Se unta una tartera de unos 30 cm. de diámetro con aciete y se extiende la pasta en una capa muy delgada. Se pone al horno hasta que comience a dorarse. Se recubre entonces con una cebolla frita y con queso rallado. Se hornea durante 20 minutos.

Consomé 84

Ingredientes:
— un cubito de caldo vegetal;
— unas hojas de perejil y apio;
— ¼ de cebolla rallada;
— un puerro a rodajitas.

En agua hirviendo se vierten los ingredientes. Al terminar la cocción se cuela el consomé separando los vegetales del caldo. Se sirve caliente.

Arroz chino 85

Ingredientes:
— 1 taza de arroz integral;
— 1 cabeza de ajos;
— ½ taza de brotes de soja
— 1 huevo;
— una zanahoria;
— guisantes;
— perejil;
— salsa de soja.

El arroz se cuece solo en una olla. Mientras tanto se dispone en una sartén la soja, la zanahoria, los ajos pelados y cortados a trozos y los guisantes; se cubre la verdura con agua y se echa un chorrito de aceite y 3 cucharadas de salsa de soja. Se pone la sartén al fuego, dejando que se consuma el agua. Cuando solo quede el aceite y la verdura esté cocida, se rehoga unos minutos y se aparta del fuego. Al arroz cocido y lavado con agua fría se le dan unas vueltas en una sartén con un poco de aceite y unos ajos partidos. Se mezclan las verduras con el arroz y se calienta todo en la sartén.

Macarrones con guisantes 86

Ingredientes:
— salsa de tomate;
— guisantes;
— macarrones;
— mantequilla;

— *queso rallado;*
— *cebolla y orégano.*

Se cuecen los macarrones con un poco de mantequilla y se lavan con agua fría cuando termina la cocción. Se fríe la cebolla rallada y se mezcla con la salsa de tomate y el orégano. Los guisantes se cuecen aparte. Antes de poner todo en el horno se mezcla bien los ingredientes dándoles unas vueltas en una sartén al fuego. Posteriormente se introducen en una fuente de horno y se espolvorean con queso rallado y un poco de mantequilla.

Empanadas 87

Ingredientes de la masa:
— *500 g. de harina;*
— *1 huevo (optativo);*
— *25 g. de mantequilla;*
— *medio vaso de agua;*
— *sal, un chorrito de aceite de oliva y una cucharada de pimentón.*

Ingredientes del relleno:
1. *de tomate, cebolla, huevo duro y guisantes.*
2. *salsa de tomate y espinacas.*
3. *salsa de tomate, alcachofa y pimento, etc.*

Para preparar la masa se bate el huevo y se mezcla con el aceite, la sal, el agua y el pimentón. Posteriormente se añade esta mezcla a la harina. Debe de quedar una masa espesa que se trabaja con el rodillo.

Para el relleno se confecciona una salsa de tomate. Se fríe o se cuece la verdura escogida; si es cocida, se fríe con unos ajos durante 5 minutos antes de mezclarla con el tomate. Después se mezcla todo el relleno y se cuecen unos huevos aparte.

La mitad de la masa se extiende en una bandeja de horno untada con aceite. Se extiende el relleno y se pone encima la otra mitad de la masa bien estirada; se cierran los extremos uniendo la masa y se hace algunos agujeros con el tenedor en la parte de arriba de la masa. Se pone al horno por arriba y abajo.

Si se quieren hacer empanadillas, la masa se estira en pedazos, procurando que queden circulares. En el centro se introduce el relleno; luego se doblan las empanadillas uniendo bien los extremos.

Huevos rellenos 88

Ingredientes:
— *1 huevo por niño;*
— *salsa de tomate;*
— *salsa mahonesa.*

Se cuecen los huevos 10 minutos. Se parten por la mitad una vez hechos, se vierten las yemas en un cuenco (separando media) y se chafan bien con un tenedor. Se prepara una salsa de tomate que se mezcla con las yemas. Se rellenan las mitades de los huevos con el rellanado y se presentan en una fuente con la superficie curva hacia arriba. Se cubre con salsa mahonesa y se ralla por encima la yema que habíamos separado. Se sirven fríos.

Menestra 

Ingredientes:
— *1 manojo de espinacas;*
— *250 g. de corazones de alcachofa;*
— *2 tomates;*
— *2 zanahorias;*
— *1 puerro;*
— *2 ajos;*
— *cominos y sal.*

Se lava todo bien y se pica muy menudito. Se introduce en una cacerola con poca agua, que no cubra. Se añade sal, aceite y unos cominos. Se deja hervir durante 20 minutos. La verdura tiene que quedar con escasa agua. Las patatas son para acompañamiento.

Fritos de queso 90

Ingredientes:
— *2 huevos (solo las yemas);*
— *250 g. de harina;*
— *leche con un poco de agua;*
— *100 g. de nuez moscada;*
— *3 cucharadas de salsa de soja;*
— *1 sobre de levadura.*

Se mezclan las yemas de huevo con la leche y el queso troceado. Se añaden la harina, la nuez moscada, la sal, la salsa de soja y la levadura. Tiene que quedar una masa espesa que se fríe en aceite caliente al tamaño deseado.

Espinacas con bechamel 91

Ingredientes:
— *3 manojos de espinacas;*
— *salsa de bechamel (ver pág. 131);*
— *queso rallado.*

Se lavan las espinacas, se trocen y se hacen en una sartén con poco aceite y nada de agua; pues se cuecen con su propio jugo. Se prepara una bechamel algo líquida. Se mezcla todo en una fuente de horno y se espolvorea por encima con queso rallado; se hornea hasta que se doren el queso y la bechamel.

Espagueti con champiñones 92

Ingredientes:
— *espaguetis;*
— *orégano;*
— *salsa de tomate;*
— *250 g. de champiñones;*
— *2 cucharadas de mantequilla;*
— *queso rallado.*

Se cuecen los espaguetis con un poco de mantequilla. Una vez hechos, se lavan con agua fría. Se fríen los champiñones troceados y lavados con unos ajos picados. Se mezclan con la salsa de tomate (que llevará también un poco de cebolla), el orégano, el queso rallado y los espaguetis, que previamente se habrán rehogado en la sartén con unos ajos picados y un poco de aceite. Se sirve caliente.

Ensalada de patatas 93

Ingredientes:
— *500 g. de patatas;*
— *1 huevo duro por persona;*
— *1 cebolla rallada;*
— *aceitunas sin hueso;*
— *aceite;*
— *2 tomates pelados;*
— *1 pepino.*

Se cuecen las patatas; se asan en

el horno el pimiento sin partir, la cebolla en 4 pedazos, los tomates y la berenjena. Una vez asados, se pelan las verduras y se trocean. Se mezclan las patatas y la verdura y se añaden al servir ajos troceados, aceite y sal.

Tortas de pescado vegetal 95

Ingredientes:
— *250 g. de queso de Gruyere;*
— *3 patatas grandes;*
— *2 huevos;*
— *5 cucharadas de harina;*
— *aceite para freír.*

Se ralla el queso con un rallador de agujeros medianos. Se añaden también las patatas crudas, pero se dejan aparte para escurrirles el agua con la mano, apretándolas bien. Después se mezclan con el queso. Se añaden los huevos crudos sin batir y la harina; todo junto se mezcla y se fríe en aceite caliente, formando tortillas planas del tamaño de la espumadera.
Si no se amalgaman bien, se añade harina y se escurre mejor la patata.

Patatas rellenas 96

Ingredientes:
— *2 patatas por persona;*
— *1 huevo por persona;*
— *queso rallado parmesano.*

Se cuecen las patatas con piel, apartándolas del fuego cuando estén casi cocidas. Se parten por la mitad y se ahuecan con una cuchara. Aparte se baten los huevos que se mezclan con el sobrante de las patatas al ahuecarlas; añadiendo a esta masa queso parmesano. Se introduce la masa en el hueco de la patata (antes en ellas un poco de aceite para que estén más sabrosas); una vez rellana la pasta con la masa se ralla queso por encima y se gratina durante 10 minutos.

Alcachofas a la plancha 97

Ingredientes:
— *500 g. de alcachofas;*
— *ajos;*
— *perejil;*
— *limón;*
— *sal y aceite.*

Se pelan los corazones de las alcachofas y se corta a rodajas. En la plancha, con un poco de aceite y los ajos, se introducen las alcachofas, procurando que todas toquen la superficie de la plancha; se añade la sal, perejil y limón y se tapa con un plato mientras se hacen. Se les da la vuelta para que se doren por los dos lados y se retiran.

Tortas chinas 98

Ingredientes:
- *250 g. de harina;*
- *5 cebollas tiernas;*
- *5 cucharadas de salsa de soja;*
- *aceite.*

Se rehoga la cebolla tierna cortada a rodajitas finas; una vez retirada del fuego mezclar con la harina y con agua de forma que quede una masa suelta (parecida a la de un Crepe). Se añaden 5 cucharadas de salsa de soja y se hacen las tortas en la sartén como si fueran crepes, es decir, con la sartén mojada, de aceite se echa un poco de esta masa dejando que cubra el fondo de la sartén, a los pocos minutos se le da la vuelta y se doran por el lado contrario.

Albóndigas de germen de trigo 99

Ingredientes de la masa:
- *3 berenjenas;*
- *150 g. de germen de trigo;*
- *1 cebolla;*
- *3 dientes de ajo;*
- *un poco de leche;*
- *2 huevos;*
- *piñones;*
- *harina para amalgamar.*

Ingredientes del guiso:
- *patatas;*
- *tomates;*
- *guisantes;*
- *cebolla;*
- *laurel;*
- *sal y aceite.*

Se cuecen durante 5 minutos las berenjenas partidas, se les quita el agua y se fríen junto con la cebolla troceada. Una vez fritas se ponen además de la berenjena y la cebolla, los ajos picados, el germen de trigo, los huevos sin batir, los piñones y la harina si es necesaria para amalgamar; se forman las albóndigas y se doran en la sartén con el aceite.

El resto de la verdura se prepara en la olla, sofriendo tomate y cebolla y añadiendo posteriormente las patatas, los guisantes y laurel. Una vez cocidas las patatas se introducen las albóndigas en el guiso, dejándolas hervir 5 minutos más.

Ensalada de judías blancas 100

Ingredientes:
- *250 g. de judías blancas cocidas;*
- *100 g. de cebolla;*
- *4 tomates maduros;*
- *una cucharada de vinagre de manzana;*
- *pimiento verde crudo rallado;*
- *sal y aceite;*
- *2 huevos duros.*

Se cuecen y escurren las judías. Los demás ingredientes se mezclan en crudo y en trocitos muy pequeños. Se adereza con sal, vinagre y huevo cocido (yemas chafadas).

«Morcilla» vegetal 101

Ingredientes:
- *2 berenjenas;*
- *2 cebollas;*
- *orégano;*
- *piñones;*
- *sal y aceite.*

Se cuecen las berenjenas y las cebollas a trozos. Se escurren bien y se fríen en la sartén añadiendo el orégano y los piñones. Se chafa con el tenedor mientras se está haciendo.

Berenjenas rellenas 102

Ingredientes:
- *1 berenjena por niño;*
- *1 cebolla;*
- *2 tomates;*
- *ajo;*
- *500 g. de champiñones;*
- *sal y pimienta;*
- *queso rallado;*
- *pan rallado.*

Se cuecen las berenjenas con sal, se parten por la mitad y se ahuecan con una cucharilla. Se sofríen la cebolla, el tomate, la berenjena que se ha retirado, ajo, pimienta (poca) y los champiñones a trocitos. Se rellenan las berenjenas y se ponen en una fuente. Por encima se echa un chorro de aceite y se espolvorea con pan rallado y queso. Se gratinan en el horno.

Vichyssoise 103

Ingredientes:
- *4 puerros;*
- *50 g. de mantequilla;*
- *375 g. de patatas;*
- *sal y leche.*

Se cuecen los puerros, las patatas y la mantequilla y se trituran con la mitad de agua y la mitad de leche hasta que quede una crema suelta.

Pizza 104

Ingredientes para la masa:
- *500 g. de harina;*
- *1 vaso de agua;*
- *levadura y sal.*

Ingredientes de la cobertura:
- *queso parmesano;*
- *salsa de tomate;*
- *champiñón;*
- *orégano;*
- *alcachofas;*
- *espárragos, etc.*

Se prepara la masa, estirándola con el rodillo. Se dispone en una bandeja de horno. Encima se añade la salsa de tomate y después el queso y la verdura escogida (los champiñones, la cebolla, la alcachofa, etc. todo a rodajitas muy finas). Se introduce en el horno; se retira cuando la masa esté hecha y se doren los ingredientes.

Arroz a la cubana 105

Ingredientes:
- *1 taza pequeña de arroz por persona;*

— salsa de tomate;
— 1 plátano por persona;
— 1 huevo por persona.

Se cuece el arroz, se lava una vez hecho, se fríe con unos ajos antes de servir. Se prepara la salsa de tomate, se fríen los plátanos cortados por la mitad y un huevo por persona.

Se presenta de la siguiente forma: al arroz se le pone la salsa de tomate por encima, a un lado el plátano frito y al otro el huevo.

Trigo a la cazuela 106

Ingredientes:
— 1 taza de trigo entero por persona;
— 1 pimiento rojo;
— 2 cebollas;
— 3 zanahorias;
— salsa de soja;
— ajo;
— laurel;
— sal y aceite.

El trigo se deja en remojo la noche anterior. Se hace un sofrito con la cebolla, el pimiento, el ajo y la zanahoria; se agrega el trigo dándole unas vueltas con el sofrito. El resto de los ingredientes junto con el agua se introducen también. Se cuece en olla a presión durante media hora. A este guiso le da muy buen sabor un ramito de hinojo tierno en la cocción.

Tomates rellenos 107

Ingredientes:
— 2 tomates por niño;
— ensaladilla rusa;
— perejil y lechuga.

Se lavan los tomates y se ahuecan introduciendo en el tomate la ensaladilla, se pica perejil encima y se sirve sobre unas hojas de lechuga.

Pastel de berenjena 108

Ingredientes:
— 2 berenjenas;
— salsa de tomate;
— queso en lonchas;
— 2 huevos;
— leche;
— harina;
— aceite y sal.

Se cortan las berenjenas y se dejan a remojo con agua y sal; mientras prepara una masa con 2 huevos, harina, sal y la leche y se rebozan en ella.

En una fuente para horno se coloca una capa de berenjenas rebozadas, otra de salsa de tomate y sobre ésta lonchas finas de queso. Se vuelve a repetir la operación poniendo la berenjena encima de las capas nombradas anteriormente y de nuevo el tomate y el queso. Se gratina al horno.

RECETAS

A partir de ahora cualquier libro de recetas ovo-lacto-vegetarianas puede orientar para continuar aumentando el número de éstas dentro de la dieta del niño. Seguidamente se exponen algunas más, ordenadas por tipos de alimentos.

Hasta que el niño no mastique correctamente se le darán las verduras en forma de jugos, posteriormente ralladas. Por fin, cuando mastique mejor, se le trocearán.

ENSALADAS

De judías verdes

Ingredientes:
- *500 g. de judías verdes;*
- *250 g. de tomates maduros;*
- *cebolla;*
- *sal y aceite.*

Ya cocidas las judías verdes se pican cuadraditos pequeños de tomate ya pelado y sin pepitas, se añade una pizca de cebolla y se aliña con sal y aceite.

De col

Ingredientes:
- *1 col mediana;*
- *250 g. de zanahorias;*
- *100 g. de cebolla;*
- *vinagre de manzana;*
- *aceite;*
- *comino en polvo.*

Se pica la cebolla muy menudita y se aliña con vinagre de manzana añadiendo seguidamente la col partida en tiras finas, se raya la zanahoria y se espolvorea con comino.

De aguacates

Ingredientes:
- *3 aguacates;*
- *3 huevos duros;*
- *2 tallos de apio blanco;*
- *1 lechuga;*
- *10 almendras;*
- *aceite y sal.*

Se pica la pulpa del aguacate y los tallos del apio en palitos. Se mezclan las hojas de lechuga ya cortadas y se mezclan agregando las almendras peladas y cortadas por la mitad. Se adorna con el huevo duro y se aliña con limón, aceite y sal.

Con yogur

Ingredientes:
- *1 yogur natural;*
- *2 cucharadas de aceite de maíz y sal;*
- *Una lechuga;*
- *3 tomates medianos;*
- *250 g. de coliflor;*
- *1 cebolla;*
- *Apio.*

Se mezclan el yogur, el aceite y la sal. Aparte se tienen ya lavadas y cortadas todas las verduras a las que se añade la salsa hecha anteriormente.

De espinacas

Ingredientes:
- *500 de espinacas;*
- *1 lechuga pequeña;*
- *cebolla y ajo.*

Se cuecen las espinacas con poca sal, se rehogan añadiendo seguidamente lechuga, cebolla y ajo. Se sazona suavemente.

Suiza

Ingredientes:
- *500 g. de espinacas;*
- *100 g. de queso suizo;*
- *½ apio troceado;*
- *2 tomates maduros;*
- *1 vaso de yogur;*
- *1 cucharadita de romero en polvo;*
- *un poco de jengibre también en polvo.*

Se mezclan las espinacas crudas troceadas con el apio y los tomates, se adereza con salsa de yogur mezclado con el romero y el jengibre.

De alcachofas

Ingredientes:
- *4 alcachofas;*
- *1 lechuga;*
- *½ taza de perejil;*
- *2 tomates;*
- *1 diente de ajo.*

Se pican finamente todos los ingredientes y se adereza con una salsa parmesana.

Ensalada de germinados de alfalfa y pimiento

Ingredientes:
- *1 taza de alfalfa germinada;*
- *2 tomates mondados;*
- *2 dientes de ajo;*
- *pimiento morrón;*
- *1 cebolla pequeña;*
- *1 pepino.*

A las germinaciones se les añaden los tomates maduros y troceados, los ajos muy picaditos, el pimiento morrón a cuadraditos así como la cebolla y el pepino; se aliña con aceite, sal y vinagre de manzana o bien con salsa mahonesa.

De espárragos

Ingredientes:
- *1 atado de espárragos frescos;*
- *1 lechuga;*
- *3 tomates duros y rojos;*
- *1 cebolla;*
- *2 huevos duros;*
- *aceite, limón y sal;*
- *pimentón dulce al gusto.*

Se lavan los espárragos y se le cortan las partes duras. Se cocinan en agua de sal y se escurren bien.

Se disponen en un plato sobre hojas de lechuga, perfectamente lavadas y cortadas. Los tomates en rodajas, lo mismo que la cebolla, encima los huevos cortados en cuadros. Se rocía con el aderezo, aceite, limón y sal.

Americana

Ingredientes:
- 3 *pepinos;*
- 6 *tomates;*
- 3 *huevos duros;*
- 4 *cogollos de lechuga pequeños;*
- *aceite;*
- *salsa de soja, vinagre de manzana, sal.*

Se parten los pepinos en rodajas así como los tomates y la lechuga, se aliña bien con salsa de soja, aceite, vinagre de manzana, sal y los huevos duros cortados en gajos alrededor.

Ensalada de germinados de alfalfa

Ingredientes:
- 4 *tazas de alfalfa germinada;*
- 4 *dientes de ajo;*
- 4 *tomates grandes.*

Se corta la parte superior de los tomates y se vacía. Se mezcla la masa del tomate extraída con el ajo y el aceite de oliva. Se llenan los cascos del tomate con la alfalfa germinada y la salsa y se tapan.

Ensalada para cualquier tipo de semilla germinada

Ingredientes:
- 4 *tazas de semillas germinadas;*
- 4 *dientes de ajo troceados;*
- 1 *pimiento rojo troceado;*
- 1 *pepino troceado.*

Se adereza con aceite de oliva, vinagre de manzana, mahonesa o cualquier otra salsa.

Ensalada clásica

Ingredientes:
- 2 *tomates;*
- 1 *lechuga;*
- 1 *zanahoria;*
- *aceitunas sin hueso;*
- ¼ *de cebolla;*
- *orégano, aceite, sal.*

Se trocean los ingredientes exceptuando la zanahoria que se incorporará rallada finamente. Se aliña con acete, sal y orégano.

De lechuga con salsa de Roquefort

Ingredientes:
- 1 *lechuga;*
- 1 *yogur;*
- 50 *g. de queso de Roquefort;*
- *aceitunas;*
- 1 *tomate.*

Se cortan la lechuga y el tomate en trozos pequeños y se aliña con salsa, que se confecciona batiendo yogur con el queso Roquefort.

De queso

Ingredientes:
- 1 *lechuga;*
- 4 *zanahorias;*
- 150 *g. de queso Emmental o Gruyere;*
- 1 *huevo;*
- *perejil;*
- *aceite de oliva, sal.*

Se trocea la lechuga, se corta a rodajas finas las zanahoria, se corta en tiritas el queso, se cuece el huevo y se pica junto con el perejil. Por último se aliña.

Aguacate con melón

Ingredientes:
- 1 *aguacate maduro;*
- *medio melón;*
- *verduras para ensalada al gusto (lechuga, zanahoria, alcachofa...);*
- *limón, aceite y sal.*

Se trocean el aguacate y el melón junto con la verdura escogida. Se aliña con salsa que se prepara con jugo de limón, aceite, sal y huevo cocido partido a trocitos pequeños.

Lechuga con champiñón

Ingredientes:
- 1 *lechuga;*
- 250 *g. de champiñones;*
- *limón aceite y sal.*

Se fríen los champiñones troceados con aceite y limón. La lechuga se lava y se trocea. Se mezclan los champiñones fritos con la lechuga y se aliña con aceite y limón.

Col con remolacha

Ingredientes:
- *col;*
- *remolacha;*
- *tallo de apio;*
- *media manzana;*
- *aceitunas;*
- *2 tomates;*
- *salsa de soja, aceite y limón.*

Se cortan la col cruda y la remolacha cocida junto con los demás ingredientes; se aliña con salsa de soja, aceite y limón.

Ensaladas de frutas

Ingredientes:
- *zanahoria rallada;*
- *manzana rallada;*
- *yogur.*

Se mezcla todo.

Proponemos otras ***variantes***:

• Manzana, tomate, lechuga, 2 huevos cocidos, alcachofa cocida, aguacate. Se trocea todo y se aliña con aceite y limón.

• Zanahoria rallada, nata líquida, sirope o miel, plátano troceado. Se mezcla todo.

• Manzana troceada, 200 g. de aceitunas sin hueso, una cucharada de mahonesa o nata líquida.

De trigo integral

Ingredientes:
- *2 tazas de trigo cocido;*
- *1 pimiento rojo;*
- *1 pepino;*
- *1 cucharada sopera de hierbabuena.*

Cocido el trigo y frío, se añade el pimiento, el pepino y la hierbabuena.

Con puré de patatas

Ingredientes:
- *puré de patatas;*
- *queso rallado;*
- *jugo de tomate con ajo y cebolla.*

Se prepara el puré de patatas. Aparte, se trituran en la batidora tres tomates maduros con dos dientes de ajo y un poco de cebolla. Se mezclan con el puré y se añade el queso rallado.

Ensalada de arroz (I)

Ingredientes:
- *2 tazas de arroz cocinado;*
- *2 zanahorias ralladas;*
- *una hojas de lechuga;*
- *3 tomates rallados;*
- *aceite de oliva y limón.*

En esta receta y las siguientes el arroz se cuece y se lava posteriormente con agua fría para que quede muy suelto, al igual que las pastas. Se mezcla todo.

Ensalada de arroz (II)

Ingredientes:
- *arroz cocinado;*
- *remolacha;*
- *ajo rallado;*
- *lechuga;*
- *tomate troceado;*
- *alcachofas de lata o crudas cortadas en rodajas muy finas.*

Se mezcla todo y se adereza con mahonesa o aceite y limón.

Ensalada de arroz (III)

Ingredientes:
- *arroz cocido;*
- *150 g. de queso Gruyere;*
- *3 tomates;*
- *medio pimiento verde;*
- *10 almendras ralladas;*
- *salsa de limón y aceite o mahonesa.*

Se cuece el arroz, se lava y se deja escurrir, se corta el queso en dados, el pimiento en trocitos, los tomates troceados. Se adorna con las aceitunas y las almendras ralladas y se adereza con mahonesa o aceite, sal y limón.

De calabacín

Ingredientes:
- 1 *kg. de calabacín;*
- 100 *g. de almendra picada;*
- 2 *ajos;*
- *mijo;*
- *aceite y sal.*

Se cuece el calabacín a trozos, aparte se fríen los ajos, añadiéndolos junto con el aceite al calabacín y la almendra, mijo según se desea que espese y sal. Se cuece hasta que el mijo esté tierno.

Instantánea

Ingredientes:
- 4 *rebanadas de pan finas;*
- 25 *g. de mantequilla;*
- 1 *huevo;*
- *sal.*

Se derrite la mantequilla y se le añade medio litro de agua hasta que hierva, añadiendo entonces el pan, huevo y la sal; se cuecen dos minutos y se sirve.

Puré de zanahorias y nabos

Ingredientes:
- 500 *g. de zanahorias;*
- 500 *g. de nabos;*
- 3 *cucharadas de copos de trigo;*
- *mantequilla y sal.*

Se cuecen las verduras, antes de terminar su cocción se añaden los copos de trigo y sal; cuando todo está tierno se pasa por el tamiz y se le añade un poco de mantequilla.

Crema de zanahoria

Ingredientes:
- 250 *g. de zanahoria;*
- 250 *g. de nata sin azúcar;*
- 2 *vasos de leche;*
- *sal y poca mantequilla.*

Se cuece bien la zanahoria, se muele añadiendo seguidamente la nata, leche, sal y un poco de mantequilla. Se hierve cinco minutos y se come con pan tostado.

De espinacas y lechuga

Ingredientes:
- 500 *g. de espinacas;*
- 200 *g. de puerros;*
- 1 *lechuga mediana;*
- *sal y aceite.*

Se cuecen las espinacas diez minutos y se escurren. En la misma cacerola en que se va a hacer la sopa se fríen puerros y se rehogan las espinacas. Se trituran y luego se añade el resto del caldo en la cantidad deseada. Cuando rompa a hervir se añade la lechuga cortada en tiras muy finas. Al servirla se añaden cuadraditos de pan frito.

Real

Ingredientes:
- 3 *puerros;*
- 2 *zanahorias;*
- 1 *nabo y* 1 *cebolla;*
- 2 *clavos de olor;*
- 2 *ajos;*
- 1 *rama de apio;*
- 4 *huevos;*
- ½ *limón;*
- *perejil, sal, pimienta y aceite.*

Se lava y cuecen las verduras con aceite y sal. Aparte se cuecen los huevos y se aplastan las yemas picando finamente las claras. Se cuela la sopa para que solo quede el caldo y se añade los huevos picados; se pone nuevamente sobre el fuego para que hierva un instante; al servirla añadir limón.

De cebolla gratinada

Ingredientes:
- 125 *g. de cebolla;*
- 80 *g. de mantequilla;*
- 1 *cucharada sopera de harina;*
- 50 *g. de queso rallado;*
- *Sal y pan tostado.*

Se doran las cebollas finamente picadas en 30 g. de mantequilla, se les espolvorea la harina hasta que oscurezca un poco. Se añade un litro y medio de agua fría, se sazona y cuando rompa a hervir se le añaden las rodajas de pan y se espolvorea con el queso rallado.

De berenjena y hierbas aromáticas

Ingredientes:
— 2 berenjenas grandes;
— 1 calabacín;
— 1 rama de apio;
— 2 tomates maduros;
— 1 cebolla;
— 6 ajos;
— 2 pimiento rojo a tiras;
— 1 hoja de laurel;
— 1 cucharada de tomillo.;
— 1 cucharada de romero;
— 1 cucharada de orégano;
— 1 cucharada de hierbabuena;
— 1 cucharada de jengibre (todas las hierbas deberán estar en polvo);
— aceite de maíz.

Se rehogan la cebolla, los ajos y el pimiento, añadiendo después el resto de los ingredientes y rehogándolo todo diez minutos más, a fuego lento. Se echa todo en una cacerola con agua hirviendo y se deja cocer cinco minutos a fuego lento.

Crema de espárragos

Ingredientes:
— 500 g. de espárragos;
— 100 g. de mantequilla;
— 50 g. de harina;
— 1 litro de caldo vegetal;
— 100 g. de crema de leche;
— sal.

Se cortan los espárragos separando las puntas. Se disuelven 50 g. de mantequilla con el caldo batiendo para que no queden grumos; se pone al fuego y se hierve; se añaden los espárragos, se sazona y se cuece 30 minutos a fuego lento. Se tritura de nuevo y cuando hierva se retira del fuego; se incorporan el resto de la mantequilla, la crema de leche y las puntas de los espárragos.

Crema de verdura variada

Ingredientes:
— zanahorias, patatas, cebolla, chícharos, acelgas y espinacas en la misma proporción;

— nata sin azúcar (líquida);
— leche según la cantidad de verduras.

Se cuecen todas las verduras con un poco de sal, se pasan por la batidora hasta que resulte líquido igual que en la receta anterior; se le añade la nata, leche y se deja hervir unos cinco minutos.

Sopa de zanahoria

Ingredientes:
— 500 g. de zanahorias partidas a ruedas muy finas;
— 1 puerro picado;
— ½ cabeza de ajo picada;
— 1 rama de apio;
— 1 tomate;
— 1 pimiento verde entero;
— 1 hoja de laurel.

Se pone a cocer, todo excepto el tomate; cuando todo está tierno se le añade el tomate y fideíllos de sopa y se pica un huevo duro añadiéndolo junto con aceite y sal; se deja hervir un cuarto de hora. Al servir se retiran el pimiento verde, el tomate y el laurel.

Verduras estofadas

Ingredientes:
- *500 g. de judías verdes;*
- *1 kg. de guisantes;*
- *500 g. de habas;*
- *500 g. de patatas;*
- *1 lechuga;*
- *250 g. de tomate;*
- *250 g. de cebolla;*
- *4 cucharadas de aceite;*
- *ajo, perejil, laurel y pimentón.*

Se cuecen las habas con poca sal y una rodaja de limón cinco minutos. En otra cacerola se sofríen la cebolla en tiras finas, las judías partidas y una punta de laurel; se sazona y se pone a fuego lento; a medida cocción se añaden las patatas a cuadraditos, pimiento y se cuece hasta que todas las verduras estén tiernas.

Acelgas con puré de patatas

Ingredientes:
- *1 kg. de acelgas;*
- *1 kg. de patatas;*
- *4 cucharadas de leche;*
- *3 cucharadas de aceite;*
- *1 diente de ajo;*
- *30 g. de mantequilla.*

Se cuecen las acelgas y se escurren igualmente; en cacharro aparte se pasan las patatas por el tamiz para añadirles mantequilla y leche; al fuego unos minutos moviendo continuamente para que no agarre. Se fríen el ajo y las acelgas en una fuente, se ponen las acelgas en montículos y alrededor la guarnición del puré de patatas.

Judías verdes con mahonesa

Ingredientes:
- *1 kg. de judías verdes;*
- *1 kg. de pimientos;*
- *5 cucharadas de aceite;*
- *250 g. de tomates;*
- *1 cebolla picada;*
- *1 huevo;*
- *2 cucharadas de vinagre de manzana.*

Se cuecen las judías con sal, cuando rompan a hervir de nuevo se les añade una pizca de bicarbonato. Se cuecen los pimientos y los tomates, se cortan en rodajas finas; aparte, se baten las yemas de huevo con sal o unas gotas de limón y con el aceite se hace la mahonesa añadiendo más cantidad del mismo si es necesario; se le añaden las claras batidas a punto de nieve, se añade sal y pimienta y se cubren las judías mezcladas con los pimientos. Se coloca una corona de tomate alrededor y un puntito de cebolla picada sobre cada rodaja.

Berenjenas al horno

Ingredientes:
- *1 kg. de berenjenas;*
- *1 kg. de patatas;*
- *ajo;*
- *2 cebollas;*
- *aceite y sal.*

Se cuecen las patatas, aparte se fríen las berenjenas, la cebolla y el ajo, se escurre bien el aceite y se tritura quedando una pasta homogénea. En una bandeja se pone una capa de patatas (las cuales han sido previamente machacadas) y otra de pasta hecha en la parte superior, se espolvorea con queso rallado, dejando unos minutos al horno para que se dore.

Budín de verduras

Ingredientes:
- *500 g. de judías verdes;*
- *250 g. de zanahoria;*
- *250 g. de guisantes;*
- *2 huevos;*
- *un par de ajos verdes.*

Se cuecen todas las verduras, aparte se fríen ajos incorporando después las verduras ya machacadas con un tenedor, se aparta y una vez enfriadas se añaden dos huevos batidos, se llenan unas flaneras con todo esto y se cuecen al baño María; se sirven bien con salsa de tomate o de mahonesa.

Col rellena

Ingredientes:
— 1 col mediana;
— 250 g. de champiñón;
— 250 g. de tomates;
— cebolla;
— 1 taza de bechamel;
— queso rallado;
— aceite y sal.

Se quitan las hojas manchadas y más externas de la col y se saca el cogollo, quedando así la col como una cazuelita. Se cuece con agua y sal. Mientras tanto se prepara el relleno friendo cebolla, champiñones y tomate solo su pulpa. Se rellena la col con el sofrito, se cubre con bechamel, se añade el queso y finalmente se gratina.

Menestra de carne vegetal

Ingredientes:
— 1 lata de carne vegetal;
— 1 cebolla grande;
— 3 tomates;
— 250 g. de guisantes;
— aceite, tomillo y laurel.

Se fríe la cebolla y cuando esté lista se le añade la carne vegetal, el tomate sin pepitas ni piel y los guisantes a trozos; se condimenta con tomillo y laurel. Sirve para acompañar a los macarrones e incluso a unos espaguetis.

Alcachofas en salsa de almendra

Ingredientes:
— 1 kg. de alcachofas;
— ½ limón;
— aceite de oliva;
— 2 ajos;
— salsa de tomate.

Se cuecen los corazones de las alcachofas y se ponen en una fuente. Aparte se hace una salsa friendo las almendras y pasándolas por la minipimer, junto con el zumo de limón, el aceite de oliva, la sal, la salsa de tomate y los ajos. La salsa se rocía sobre las alcachofas.

Alcachofas rápidas

Ingredientes:
— 6 alcachofas;
— 1 cebolla;
— 1 apio;
— vinagre de manzana;
— orégano y laurel;
— aceite.

Se rehogan las alcachofas y se ponen a cocer junto a los otros ingredientes en uno o dos vasos de agua hasta que se consuma el caldo. Se puede servir con unas patatas cocidas y cortadas a cuadritos.

Acelgas a la cazuela

Ingredientes:
— 1 kg. de acelgas;
— ajos;
— perejil;
— un puñado de almendras;
— aceite y sal.

Se cuecen las acelgas; en una sartén aparte se fríen los ajos y el perejil, luego se les añaden las almendras y finalmente las acelgas cocidas. Se puede variar añadiendo a la fritura una salsa de tomate.

Acelgas con piñones

Ingredientes:
— 1 kg. de acelgas;
— 1 cucharada de harina;
— unos ajos;
— aceite y sal;
— un puñado de piñones.

En una sartén se fríen los ajos y se tuesta la harina, luego se añaden los piñones y finalmente las acelgas cocidas, rehogándolas un rato.

Calabacines rellenos

Ingredientes:
— *1 kg. de calabacines;*
— *200 g. de tomates;*
— *3 pimientos;*
— *150 g. de cebolla;*
— *ajos;*
— *queso rallado junto con un poco de pan.*

Se parten los calabacines por la mitad y a lo largo y se cuecen unos minutos en agua con sal, se ahuecan con una cuchara y se reservan. Aparte, se hace un sofrito con el calabacín sobrante, el tomate, pimientos, cebolla y ajos. Se rellena los calabacines con esa mezcla, se espolvorean con queso rallado y pan y se gratinan.

Pimientos rellenos

Ingredientes:
— *6 pimientos grandes;*
— *200 g. de arroz;*
— *100 g. de sofrito de tomate;*
— *2 cebollas;*
— *mantequilla, aceite y sal.*

Se cortan los pimientos por la mitad y se vacían, se ponen en la sartén untada previamente con mantequilla, se prepara el arroz con el sofrito de tomate y las cebollas se echan un caldo vegetal. Se cuece y después se rellenan los pimientos de la sartén, se pone un dedo de caldo vegetal con queso rallado y se cuece al horno durante 25 minutos.

Alcachofas en salsa

Ingredientes:
— *1 kg. de alcachofas;*
— *ajos;*
— *carne vegetal;*
— *salsa española al gusto;*
— *tomillo.*

Se le quita a las alcachofas la parte dura, se cuecen con algo de sal en escasa cantidad de agua con un poco de tomillo como condimento. Luego se separan el caldo y se cubren con la cantidad de salsa que se desee, los ajos y carne vegetal picada.

HUEVOS

Tortilla napolitana

Ingredientes:
— *200 g. de tomate;*
— *150 g. de cebolla;*
— *2 pimientos;*
— *5 huevos;*
— *aceite y sal.*

Se trocean finamente el tomate, los pimientos y la cebolla. Se baten los huevos y se echan en la sartén untada previamente con aceite. Se extiende bien el huevo por toda la sartén y se le echan los trozos de tomate, cebolla y pimiento bien extendidos; se añade orégano y queso rallado, se pone a fuego lento moviendo la sartén para que no se pegue la tortilla. Se retira cuando el huevo esté bien hecho.

Tortilla de tomate

Ingredientes:
— *2 tomates;*
— *1 huevo;*
— *aceite.*

Se cortan los tomates en rodajas y se bañan en harina. Una vez caliente el aceite en la sartén, se echan los tomates y se fríen. Se baten los huevos y se hace la tortilla.

Tortilla de copos de avena

Ingredientes:
— *8 cucharadas de copos de avena;*
— *1 taza de agua;*
— *2 huevos;*
— *1 cebolla;*
— *aceite y sal.*

Se remojan los copos de avena en agua y sal. Se pica la cebolla y se fríe en aceite, cuando está dorada se le añade a los copos. Se baten los huevos y se hace la tortilla. Se presenta adornada con lechuga, ajo y perejil, sazonada con zumo de limón, aceite y sal.

Huevos con judías verdes

Ingredientes:
— *200 g. de judías verdes;*
— *3 huevos y perejil.*

Se cuecen las judías en agua y sal. Se escaldan los huevos y se ponen sobre las judías. Se espolvorean con perejil picado y ajo muy picadito.

A la romana

Ingredientes:
— 6 huevos;
— 1 kg. de espinacas;
— 25 g. de mantequilla;
— 25 g. de queso Parmesano rallado;
— sal.

Se limpian las espinacas y se ponen a cocer en agua hirviendo con sal. A los 10 minutos se retiran y escurren, picándolas sobre una tabla; se saltean con la mantequilla, se sazonan y se reparten en seis cazuelitas, se coloca un huevo en cada una y se cubre con salsa Mornay, los huevos ya estarán hechos al plato.

Al queso

Ingredientes:
— 6 huevos;
— 100 g. de queso;
— 50 g. de mantequilla.

Se preparan los huevos en cazuelitas como hemos explicado anteriormente, se espolvorean con queso rallado por encima, se añade sal y pimienta y un poco de mantequilla líquida y se meten al horno.

Huevos a la herminia

Ingredientes:
— 6 huevos;
— 3 patatas;
— 2 cucharadas de guisantes;
— 3 zanahorias;
— aceite y vinagre;
— sal.

Se cuecen los huevos y se parten por la mitad. Se cortan las patatas en forma ovalada, con 2 cm. de grueso, y se cuecen. Aparte se cuecen las zanahorias y guisantes en agua hirviendo.

En una sartén con aceite se fríe un ajo y se rehogan los guisantes. En una fuente se colocan en círculo las rodajas de patatas y medio huevo encima y se cubren con mahonesa; en el centro se colocan los guisantes y alrededor se adorna con rodajas de zanahoria.

PATATAS

Patata con sofrito

Ingredientes:
— 2 kg. de patatas;
— 6 almendras;
— 1 rebanada de pan;
— 3 cucharadas de aceite;
— 2 dientes de ajo;
— perejil, sal y pimienta.

En una sartén se pone el aceite, se calienta y se echan el ajo, las almendras, el pan y el perejil. Bien dorados y escurridos se ponen en el mortero y el aceite sobrante se echa en las patatas ya cortadas a cuadritos para rehogarlas. Se machacan en el mortero los ingredientes indicados junto con papel de azafrán, desliéndose con poca agua y echándose sobre las patatas; se añade agua caliente hasta cubrirlas, se sazonan y cuece a fuego lento.

Ensalada de patatas cocidas

Ingredientes:
— 500 g. de patatas;
— 1 lechuga;
— 3 tomates;
— 1 huevo duro;
— 1 cebolla pequeña;
— aceite, ajo, perejil, sal y orégano.

En el fondo de una fuente se pone una lechuga ya cortada, encima las patatas ya cocidas en rodajas y a continuación rodajas de tomates. Se aliña con aceite, ajo, perejil, aceitunas o bien huevo duro, cebolla en aros, aceite, sal y orégano.

Con remolacha

Ingredientes:
— 900 g. de patatas;
— 250 g. de remolacha;
— 100 c.c. de aceite;
— 2 huevos;
— 1 cucharada de vinagre de manzana;
— sal.

Se cuecen las patatas con su piel, se pelan y se pasan por el tamiz reservando dos, el resto se corta a cuadraditos. Se cuecen la remolacha con sal y cuando está tierna se parte en seis rodajas, el resto se corta en cuadraditos que se cubren de vinagre; pasada una hora se ponen en una escurridor. Se mezcla la patata y se coloca en una fuente grande. Se cuecen un huevo y se corta a rodajas, con el que queda se hace una mahonesa, poniendo la yema en un tazón añadiendo sal y unas gotas de vinagre. Se bate deprisa y se va añadiendo sal y unas gotas de vinagre. Se bate deprisa y se va añadiendo el aceite poco a poco. Sobre las patatas y remolacha mezcladas se pone mahonesa, se adorna con las rodajas de remolacha y el puré de patatas reservado y puesto en una manga de pastelera, también se colocan rodajas de huevo duro alrededor de la fuente.

Con bechamel

Ingredientes:
— 1,5 kg. de patatas;
— 750 c.c. de leche;
— 5 cucharadas de harina;
— 25 g. de queso rallado;
— 30 g. de mantequilla;
— aceite, sal y perejil.

Se cuecen las patatas con su piel, luego se rehogan con un poco de perejil y sal, se colocan en una fuente al horno, se hace la bechamel y se vierte sobre las patatas espolvoreando el queso. Se hornea a fuego fuerte cinco minutos.

En ensalada

Ingredientes:
— 1 kg. de patatas;
— 2 tomates;
— ½ cucharada de cebolla picada;
— 3 de aceite;
— 1 de vinagre de manzana;
— 1 rama de perejil;
— ajo, sal y pimienta blanca.

Se cuecen las patatas con un puñado de sal, se les quita la piel ya cocidas y se cortan en rodajas; en un tazón se mezcla el aceite con el vinagre y se añade la cebolla picada, el ajo y el perejil muy picaditos, se sazona con sal y pimienta y se sirve sobre las patatas y los tomates.

Rellenas al gratén

Ingredientes:
— 6 patatas grandes y lisas;
— 2 huevos;
— 50 g. de mantequilla;
— 50 g. de queso rallado;
— perejil y sal.

Se lavan las patatas, se secan y se asan al horno, cortándolas en dos pedazos y vaciando su interior con una cuchara dejando forma de cazuelita. Se aplasta la pulpa con un tenedor y se le añaden los dos huevos sin batir, dos cucharadas de queso y el perejil, mezclándolo bien. Con el preparado se rellenan las pieles de las patatas formando un poco de montículo y se colocan sobre una placa, se espolvorean con queso, se rocían con mantequilla derritida y se meten al horno fuerte para gratinarlas.

A la riojana

Ingredientes:
— 1,25 kg. de patatas;
— 300 g. de tomate;
— 2 pimientos;
— queso rallado al gusto;
— tomillo, sal y aceite.

Se cuecen las patatas y a media cocción se añaden los pimientos, los tomates, un poco de nuez moscada rallada, el tomillo y la sal marina, se continúa a fuego lento hasta que patatas y pimientos queden totalmente cocidos sin deshacerse. Cinco minutos antes de que termine la cocción se añaden el aceite y el queso rallado.

Bocaditos

Ingredientes:
— 1 kg. de patatas;
— 3 yemas;
— 3 cucharadas de harina rasas;
— sal.

Se rallan las patatas, se les mezclan la harina, las yemas y se sazonan; se añaden las claras batidas a punto de nieve, se mezcla y se fríen los bocaditos agredando a la masa almendras picadas o nueces.

Croquetas con queso de Gruyere

Ingredientes:
— 500 g. de patatas;
— 2 yemas de huevos;
— perejil;
— nuez moscada;
— 2 cucharadas de queso Gruyere.

Se hierven las patatas con su cáscara, se pelan y se aplastan con un tenedor; se echa nuez moscada, perejil, las dos yemas, sal y el queso. Se mezcla todo y se hacen unas bolitas que se pasan sobre el queso Gruyere rallado y se fríen en aceite muy caliente. Se sirven en una fuente cubierta con una servilleta de papel para quitarles aceite.

Albóndigas

Ingredientes:
— 1 kg. de patatas;
— ajo y perejil;
— pan rallado y huevo para rebozar;
— 25 g. de mantequilla;
— 12 a 15 almendras.

Se cuecen las patatas machacándolas muy bien y añadiendo la mantequilla para que se pongan muy suaves; se añaden unos ajos y rama de perejil finamente picados y se hacen las bolitas rebozándolas en huevo y luego en pan rallado para freírlas después en la sartén.

Patatas con calabacín

Ingredientes:
— 1 kg. de patatas;
— 500 g. de calabacín o berenjenas;
— media taza de salsa de tomate;
— 1 huevo;
— sal.

Se cuecen las patatas con su piel, se pelan y machacan, aparte se cortan calabacines o berenjenas en trocitos pequeños. En una fuente de horno untada de mantequilla se pone una capa de patatas, otra de calabacín y salsa de tomate, se bate el huevo y se le echa por encima; se van alternando estas capas, dejando la última de patatas y espolvoreando queso rallado y orégano antes de gratinar.

Ensalada rusa

Ingredientes:
— 500 g. de patatas;
— 1 taza de guisantes tiernos;
— 2 zanahorias ralladas;
— 250 g. de judías verdes;
— 250 g. de espárragos;
— 1 pepino cortado a cuadritos;
— 1 tomate cortado a trozos pequeños;
— 2 ramas de apio;
— 1 lechuga pequeña;
— 1 pimiento morrón.

Se cuecen las patatas al vapor junto con los guisantes, las judías verdes y los espárragos. Se ponen en una ensaladera las patatas troceadas, las zanahorias ralladas, la judías verdes, los espárragos, el pepino, el apio y la lechuga, se mezcla todo muy bien y se cubre con abundante mahonesa aderezada con limón y nuez moscada al gusto; se adoran con ruedas de tomate, tiras de pimiento morrón y guisantes.

Patatas con requesón

— 4 patatas medianas;
— 200 g. de requesón;
— 1 cebolla pequeña, albahaca o salvia;
— 3 zanahorias y 1 remolacha;
— una pizca de sal y perejil.

Las patatas lavadas se cuecen en el horno lentamente durante 45 minutos. Una vez cocidas se parten por la mitad y se vacían parcialmente. Con la patata extraída, el requesón, la cebolla picadita o la planta aromática y la sal se hace una masa con la que se rellenan los huecos de las patatas. Se gratinan al horno brevemente. Pueden acompañarse con zanahoria y remolacha rallada y unas hojitas de perejil.

Cocido vegetariano

Ingredientes:
- 500 *g. de garbanzos;*
- 400 *g. de verduras (col, judías verdes, zanahorias, cebolla, guisantes...);*
- *patatas; aceite y sal.*

Se mezclan en una olla los garbanzos —previamente remojados en agua desde la noche anterior— con las verduras y unos trozos de patata, todo esto en crudo. Cuando el agua está caliente se le añaden la sal y el aceite, el cual ha de estar caliente o haber sido calentado para que cuaje así el caldo. El cocido se puede hacer en olla normal o a presión (media hora).

Arroz a la milanesa

Ingredientes:
- 200 *g. de arroz;*
- 100 *g. de cebollas;*
- 75 *g. de mantequilla;*
- 4 *cucharadas de puré de tomate;*
- *aceite y sal.*

Se ponen en una cacerola la mitad de la mantequilla y la mitad de cebolla picada, cuando empieza a dorarse la cebolla se echa el arroz y se rehoga bien; se añade un litro de agua, sal y se deja cocer veinte minutos. Con la otra mitad de la mantequilla se fríe el resto de la cebolla, se agrega el puré de tomate, sal y un poco de azúcar. Se moldea el arroz en forma de rosca, se echa en el hueco del centro del sofrito y se disponen los huevos fritos alrededor.

Arroz con queso

Ingredientes:
- 1 *taza y ½ de arroz;*
- 1 *cebolla mediana;*
- 2 *dientes de ajo;*
- 50 *g. de queso mozzarella.*

Se cuece el arroz al que se le añade el sofrito de la cebolla y el ajo junto con unos cuadritos del queso; se sazona y se sirve.

Arroz con cebolla

Ingredientes:
- 1 *taza de arroz;*
- 2 *cebollas grandes;*
- 1 *pimiento morrón;*
- 1 *berenjena;*
- *aceite y sal.*

Se fríe la cebolla y se rehoga con el arroz previamente cocido, se pone toda la cebolla en el fondo cubriéndola con el arroz, se vuelca como si fuera un flan adornándose con el pimiento morrón y la berenjena frita partida a cuadritos.

Arroz con champiñón al horno

Ingredientes:
- 1 *taza de arroz;*
- 250 *g. de champiñón;*
- *ajo, perejil y aceite;*
- *pimientos rojos asados.*

Se corta el champiñón en láminas finas se fríe con ajo, perejil y pimientos. Se mezclan el arroz y el sofrito en una cazuela de barro en el fondo untado de aceite y se pone al horno para que la superficie se dore.

Arroz con asado de verduras

Ingredientes:

— 1 *taza de arroz;*
— 1 *berenjena;*
— 3 *tomates;*
— 1 *cebolla;*
— 1 *pimiento rojo y otro verde;*
— *perejil, sal y ajo.*

Se cuece el arroz con la sal y el ajo, se pone en una fuente y se adorna con la berenjena, los tomates ya partidos, los pimientos y la cebolla, todo bien asado y aderezado con aceite, sal y ajo picado y un poco de perejil finamente troceado.

Ensalada de arroz estival

Ingredientes:

— 250 *g. de arroz;*
— 1 *litro de caldo vegetal;*
— 1 *cucharadita de mostaza;*
— 1 *cucharada sopera de vinagre de manzana;*
— 3 *cucharadas de aceite;*
— 2 *tomates;*
— 2 *huevos duros;*
— 1 *cebolla;*
— *perejil o hierbas finas picadas;*
— *sal.*

Se cuece el arroz y se deja enfriar. Aparte se prepara la salsa mezclando mostaza, vinagre, aceite, sal y luego el arroz; se pican la cebolla y las hierbas finas, cortándose en rodajas los tomates y los huevos cocidos duros. Se guarnece con ello el borde de la fuente y se esparcen las hierbas finas picadas.

Judías a la bretona

Ingredientes:

— 500 *g. de judías;*
— 2 *cebollas;*
— 75 *g. de mantequilla;*
— 1 *cucharada de puré de tomate;*
— *sal.*

Se cuecen las judías puestas en remojo la noche anterior hasta que estén tiernas. Se cortan las cebollas en rodajas y se ponen a cocer en agua hirviendo durante quince minutos, se escurren y se lavan en agua fría, volviéndose a escurrir. Se pone la mitad de la mantequilla en una sartén, se echa la cebolla y se deja estofar hasta que se dore un poco. Se añade el tomate y un poco de agua, se sazona y se deja cocer durante media hora a fuego lento. Se escurren las judías y se mezclan con el sofrito, añadiendo el resto de la mantequilla. Se mezcla bien y se sirve.

Judías al caserío

Ingredientes:

— 500 *g. de judías blancas;*
— 3 *pimientos colorados;*
— 1 *cebolla;*
— 2 *dientes de ajo;*
— 3 *cucharadas de aceite;*
— *perejil y sal.*

Se ponen a cocer las judías blancas en agua fría, al hervir se tira ese agua y se ponen de nuevo a la lumbre con agua fría, dejándolas cocer lentamente hasta que estén tiernas. En una sartén se pone el aceite y la cebolla picada; al dorarse se añaden los pimientos y las judías; se echa sal y perejil dejando cocer diez minutos.

Potaje de garbanzos

Ingredientes:

— 500 *g. de garbanzos;*
— 200 *g. de espinacas;*
— 250 *g. de patatas;*
— 1 *huevo duro;*
— 1 *rebanada de pan;*
— 3 *cucharadas de aceite;*
— *perejil y ajo.*

Se pone agua a hervir echando seguidamente los garbanzos ya remojados la noche anterior con la hoja de laurel. Se cuece a fuego lento; cuando están a media cocción se echan las espinacas y las patatas partidas a cuadritos y se dejan cocer con los garbanzos. Aparte se pone el aceite y se fríe un diente de ajo, una rama de perejil y la rebanada de pan muy doradita. Se machaca todo en el mortero y se vierte sobre los garbanzos, añadiéndoles la clara de huevo picada y la yema desleída en un poco de caldo de potaje. Se deja cocer todo junto suavemente hasta que esté en su punto.

Potaje de garbanzos con habas y guisantes

Ingredientes:

— 250 *g. de garbanzos;*
— 1 *tomate;*
— 1 *pimiento;*
— 1 *cebolla;*
— 1 *cabeza de ajos;*
— 1 *hoja de laurel;*
— 2 *ramas de perejil;*
— 1 *cucharada de pimiento molido dulce.*

Los garbanzos que habrán estado en remojo la noche anterior se ponen con todos los ingredientes en una olla a presión durante media hora; una vez tiernos se les añade medio kilo de guisantes y medio de habas tiernas, se deja cocer todo previamente sazonado y se aparte cuando está tierno.

Cocido vegetariano

Ingredientes:

— 250 *g. de garbanzos;*
— 1 *lata de carnita pequeña;*
— 2 *ramas de apio;*
— 5 *zanahorias;*
— 1 *cebolla grande (un buen trozo de calabaza);*
— *cardo o cardillo;*
— 100 *g. de mantequilla (no margarina);*
— 1 *tomate.*

Se ponen los garbanzos, ya remojados en una olla junto con la carnita bien picada, el apio, las zanahorias, cebolla, la calabaza y el cardo, la mantequilla y el tomate también finamente picado; se deja cocer suavemente a fuego lento. Si se desea pueden añadirse unas patatas y un cubito de caldo vegetal.

Garbanzos a la catalana

Ingredientes:

— 500 *g. de garbanzos;*
— 150 *g. de carnita;*
— 2 *cebollas;*

— 50 *g. de mantequilla;*
— 3 *tomates;*
— 2 *huevos;*
— *sal.*

Se cuecen los garbanzos y aparte se calienta la mantequilla y se fríe la cebolla finamente picada, añadiendo seguidamente los tomates, sin piel ni pepitas y muy picados junto con la carnita. Este conjunto se echa en una cacerola, donde se agregan los garbanzos sin caldo. Se dan uno hervores moviendo la cacerola para que los garbanzos no se deshagan, y a continuación se agrega parte de su caldo; se rectifica de sal y se deja cocer muy lentamente hasta que estén tiernos por completo y en su punto. Al servirlos se cubren con los huevos duros muy picaditos.

Judías a la madrileña

Ingredientes:
— 600 *g. de judías blancas;*
— 4 *cucharadas de aceite;*
— 1 *cebolla;*
— 1 *cucharadita de pimentón;*
— 1 *de harina;*
— 100 *g. de carne vegetal;*
— *sal, laurel y ajos.*

Se ponen a hervir las judías puestas en remojo desde la noche anterior. Cuando rompen a hervir se retiran y se les quita el agua. Se vuelven a cubrir con agua fría se añade una hoja de laurel y se deja que rompan a hervir nuevamente. A continuación se separan para que cuezan muy despacio y sin parar, añadiendo siempre que sea preciso agua fría en pequeñas cantidades.
Cuando empiezan a estar tiernas se pone una sartén al fuego con el aceite y se fríe un diente de ajo y la cebolla picada, añadiendo cuando esté dorada la harina y una pizca de pimienta. Se rehoga todo, se vierte sobre las judías y se añade la carne vegetal. Se salpimenta y se deja cocer lentamente hasta que estén tiernas. Se apartan del fuego y se dejan en reposo al calor, pero sin hervir. Se sirven con la carne vegetal alrededor.

Lentejas a la burgalesa

Ingredientes:
— 500 *g. de lentejas;*
— 250 *g. de cebollas;*
— 4 *cucharadas de aceite;*
— 30 *g. de mantequilla;*
— 2 *cucharadas de harina;*
— *laurel;*
— *ajo y sal.*

Se ponen a cocer las lentejas con un diente de ajo, una hoja de laurel y la mantequilla. Cuando están casi cocidas se les añade el sofrito. Para elaborarlo se calienta aceite y se fríe la cebolla. Cuando está rehogada se echa el tomate y se deja freír a lumbre floja. Una vez frito se añaden las cucharadas de harina que se rehogan con el tomate (ya pelado y sin pepitas). El sofrito se echa sobre las lentejas. Se sazona con sal y se deja cocer despacio hasta que estén tiernas.

Lentejas guisadas

Ingredientes:
— 500 *g. de lentejas;*
— 1 *cuchara de pimentón;*
— 1 *cucharada de harina;*
— 4 *cucharadas de aceite;*
— 1 *rebanada de pan;*
— 2 *dientes de ajo;*
— *Laurel, perejil y sal.*

Se ponen a cocer las lentejas con una hoja de laurel. A continuación se pone a la lumbre una sartén con el aceite; se calienta y se fríe un diente de ajo y una rebanada de pan; cuando ésta queda dorada se añade la cebolla picada y al dorarse ésta a su vez se le añade la harina y una cucharadita de pimentón. Se aparta la sartén del fuego y se echa en las lentejas.

PASTAS

Canalones Edenia

Ingredientes:
— *8 corazones de alcachofas;*
— *50 g. de mantequilla;*
— *1 cebolla mediana;*
— *2 cucharadas colmadas de harina;*
— *3 de crema de leche o nata;*
— *4 de queso parmesano rallado;*
— *2 huevos;*
— *puré o salsa de tomate.*

Se sofríe la cebolla con las alcachofas. Aparte se tuesta la harina con la mantequilla, se incorpora poco a poco un cuarto de litro de agua caliente sin dejar remover, se sazona y se deja diez minutos a fuego lento, se retira y se añade la crema de leche o nata batida; se mezcla bien y se añade el sofrito anterior y el queso rallado, un huevo duro picado, el otro crudo batido, se sazona, se mezcla y se deja enfriar. En cada canalón se pone una cucharada de la pasta, se enrolla y se coloca en una fuente refractaria, untada con aceite; se cubren con puré de tomate, se espolvorean con queso rallado y se gratinan al horno.

Macarrones con tomate

Ingredientes:
— *600 g. de macarrones;*
— *50 g. de mantequilla;*
— *50 g. de queso;*
— *1 kg. de tomates;*
— *2 cucharadas de aceite;*
— *2 de cebolla picada;*
— *sal.*

Se cuecen los macarrones y se pasan por agua fría. Aparte se fríe la cebolla con el aceite y el tomate cortado en trozos; se deja cocer quince minutos y se pasan por el chino añadiendo la mitad de la mantequilla. En otra sartén se echan los macarrones y se saltean con el resto de la mantequilla. Se ponen en una tartera de horno, se cubren con la salsa de tomate y se espolvorean con el queso rallado. Se meten al horno fuerte unos minutos y se sirve.

Cazuela de fideos integrales

Ingredientes:
— *200 g. de fideos integrales;*
— *250 g. de tomate;*
— *100 g. de cebolla;*
— *2 pimientos;*
— *ajo;*
— *8 corazones de alcachofa;*
— *200 g. de habas;*
— *100 g. de guisantes y hierbabuena;*
— *un pimiento rojo;*
— *algas wakame.*

Se sofríen el tomate, los pimientos, la cebolla, el ajo y el pimiento rojo. Luego se añade agua y se pone a cocer todo junto con las alcachofas, habas, guisantes y hierbabuena. Cuando falte poco para que esté cocido se le añaden los fideos integrales, algas cortadas en trozos pequeños, sal y azafrán. Se cuece de nuevo a fuego suave unos diez minutos y queda listo para servir.

Canalones rellenos de foigrás vegetal

Ingredientes:
— *canalones integrales;*
— *foie-gras vegetal;*
— *salsa bechamel;*
— *queso parmesano rallado.*

Ya cocidos los canalones integrales se rellenan de foie-gras vegetal, se ponen en una fuente refractaria y se cubren con bechamel y queso rallado. Se gratina al horno.

Relleno para empanadillas y canalones

Ingredientes:
— *200 g. de cebolla;*
— *200 g. de zanahorias;*
— *200 g. de tomate;*
— *1 huevo;*
— *pimiento morrón;*
— *aceitunas.*

Se cuece la zanahoria, se machaca con un tenedor y se le añade a la cebolla y el tomate que se fríen, luego se le pica un huevo duro, pimiento morrón y aceitunas.

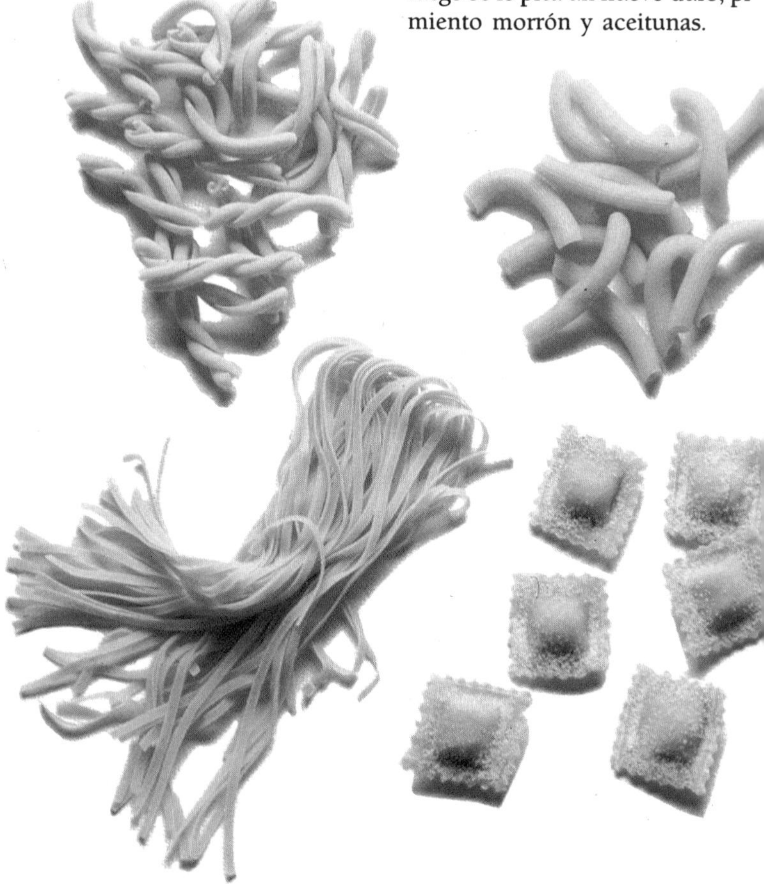

Macarrones con setas

Ingredientes:
- 500 g. de macarrones;
- 250 g. de setas;
- 250 g. de tomates;
- 25 g. de queso;
- 2 cucharadas de cebolla picada;
- 4 cucharadas de aceite.

Se cuecen los macarrones durante veinte minutos. En una sartén se ponen el aceite y se echan la cebolla, las setas picadas y sal. Se deja estofar añadiendo también los tomates sin pepitas ni piel; se cuece lentamente y se rocía este picadillo sobre los macarrones que estarán en una fuente. Se espolvorea de queso y se sirve.

Macarrones a la italiana

Ingredientes:
- 500 g. de macarrones;
- 75 g. de queso rallado;
- 50 g. de mantequilla;
- 1 taza de salsa española;
- 1 taza de tomate;
- sal.

Se cuecen los macarrones durante veinte minutos en una tartera de horno. Se pone un lecho de macarrones, se cubre con un poco de las dos salsas y se espolvorea de queso, se siguen echando capas de macarrones, salsa y queso hasta terminarlos; la última capa se cubre con abundante queso rallado, se pone la mantequilla hecha bolitas y se mete al horno fuerte durante cinco minutos.

Ravioles a la italiana

Ingredientes:
- 500 g. de ravioles;
- 1 taza de salsa de tomate;
- 1 taza de salsa española;
- 100 g. de queso rallado;
- carne vegetal.

Se hacen los ravioles rellenos de carnita picada y mezclada con salsa de tomate, y se colocan por capas en una fuente de horno alternándolos con capas de queso rallado. Se termina con una capa de queso y unas bolitas de mantequilla. Se meten al horno y se sirven bien calientes. Las dos salsas irán mezcladas.

Macarrones con espinacas

Ingredientes:
- 250 g. de macarrones;
- 300 g. de espinacas;
- 100 g. de cebolla;
- 100 g. de tomate;
- queso rallado.

Se cuecen los macarrones y las espinacas con sal. Aparte se fríen la cebolla y el tomate, dejando freír también un poco las espinacas. Cuando los macarrones están tiernos se les añade el sofrito, mezclándolo todo. Se cubre de queso rallado y se gratina al horno.

Macarrones al gratén

Ingredientes:
- 500 g. de macarrones;
- 50 g. de migas de pan;
- 100 g. de queso rallado;
- 75 g. de mantequilla; sal.

Se cuecen los macarrones con sal y se dejan reposar diez minutos, se lavan en agua fría y se rehogan con mantequilla. A continuación, en una fuente de horno se pone una capa de queso y pan rallado, encima se extiende una de macarrones y se rocía con mantequilla cubriéndolo de queso y pan. Se superpone otra capa con los mismos ingredientes. Se meten los macarrones en el horno, que debe estar fuerte, para que se gratinen.

Tallarines al gratén

Ingredientes:
- 200 g. de tallarines;
- 3 cucharadas de queso rallado;
- 4 cucharadas de setas picadas;
- 3 tomates;
- 2 huevos;
- ½ vaso de aceite.

Se hierven los tallarines, se cuecen los tomates y se pasan por el tamiz. Se baten los huevos y se mezcla el tomate. Se ponen los tallarines en una fuente untada con aceite y se forman capas de queso rallado, tallarines y setas. Se rocía con salsa de tomate y se espolvorea con queso. Se añade aceite y se hornea diez minutos.

BOCADILLOS

Se procurará utilizar preferentemente pan integral para los bocadillos, si bien el que expeden en la mayoría de panaderías no puede considerarse como tal, ya que carece del nutritivo germen del trigo.

Los rellenos pueden ser muy variados, aunque menos rápidos de preparar. Debemos cuidar especialmente el equilibrio de sus componentes y conseguir que resulten apetitosos.

Tortilla de patatas

Ingredientes:
- *patata;*
- *huevo.*

Se fríe la patata y se mezcla con el huevo para formar la tortilla.

De tortilla francesa

Se bate el huevo y se forma la tortilla, el pan se unta con tomate crudo restregado.

Revoltillo de tomate y huevo

Se fríe tomate y cuando esté terminado se introduce en la sartén huevo batido. Se mueve en la sartén hasta que cuaje totalmente el huevo.

De gluten en forma de «hamburguesas»

Véase la forma de preparación de la hamburguesa vegetal en pág. 88. Al pan se le añade salsa de tomate y una hoja de lechuga.

De verduras rebozadas

Pueden utilizarse:
- *coliflor;*
- *berenjena;*
- *alcachofa;*
- *pencas de acelgas, etc.*

Si se trata de coliflor o pencas de acelgas, se hierve primero la verdura y luego se reboza con huevo y harina.

Si son berenjenas o alcachofas, se parten a rodajas, se rebozan en crudo y se fríen. Se añade al bocadillo alguna salsa.

Tradicional de queso

Se tuesta el pan, se unta con mantequilla y se corta tomate a rodajas. Se introduce el queso con una hoja de lechuga.

Queso fresco semifrito

Se pone un poco de aceite en una sartén, como para una tortilla francesa; se añade el queso fresco en lonchas añadiéndole jugo de limón. Cuando está el queso blando se introduce en el bocadillo. El pan es preferible tostarlo.

Paté de champiñón

Ingredientes:
- *250 g. de champiñones;*
- *1 cebolla;*
- *2 rebanadas de pan duro;*
- *leche;*
- *orégano;*
- *tomillo o mejorana;*
- *sal;*
- *4 dientes de ajo.*

Los bocadillos de patés una vez hechos se conservan una semana en un cacharro cerrado herméticamente y en el refrigerador.

Se fríe la cebolla y los ajos con poco aceite. Cuando se doren se añaden los champiñones troceados. Antes de retirar la sartén se espolvorean los champiñones con orégano, tomillo o mejorana. Aparte se habrá puesto el pan remojado en la leche. Se vierten el pan empapado y los champiñones en la batidora.

Paté arco iris

Ingredientes:
- *200 g. de champiñones;*
- *200 g. de zanahoria;*
- *200 g. de remolacha;*
- *200 g. de espinacas;*
- *200 g. de nabo;*
- *4 cucharadas soperas de harina integral;*
- *325 c.c. de leche o caldo de verduras;*
- *80 g. de mantequilla;*
- *1 cebolla grande;*
- *mejorana, sal, pimienta y clavo molido.*

Se hierven las hortalizas por separado y se escurren bien, excepto los champiñones que se saltean con cebolla. Luego se trituran una por una hasta que resulte una pasta bien homogénea.
En una cazuela se dora la cebolla rallada en una parte de la mantequilla. Cuando empieza a dorarse se añade la mejorana hecha polvo y la harina poco a poco. Se va tostando sin dejar de remover. Se saca el conjunto del fuego y se añade al caldo o la leche calientes. Se deja que despida vapor y se aguarda a que deje de hacerlo, batiendo entonces enérgicamente con un tenedor. Si se forma algún grumo se pasa por el colador. Salamos y especiamos con la pimienta y el clavo molidos y lo volvemos a poner en el fuego hasta que la salsa quede bien espesa.

A continuación se mezcla una parte de salsa bechamel con cada parte de verduras y en un molde untado con mantequilla y espolvoreado con pan rallado se van disponiendo las capas de las diferentes pastas. Se tapa el recipiente y se cuece al baño María durante 50 ó 60 minutos. Se deja enfriar y se vierte la pasta en una fuente plana. Se adorna con lechuga cortada muy fina y huevo duro.

Advertencia: si se utiliza remolacha, como en el caso que nos ocupa, hay que tener la precaución de situarla en la capa inferior (la primera que pongamos), pues de lo contrario podría teñir las demás.

Paté de judías blancas

Ingredientes:
- *125 g. de judías blancas;*
- *1 cabeza de ajos;*
- *3 hojas de laurel;*
- *1 cebolla mediana;*
- *200 g. de champiñones;*
- *100 g. de mantequilla o aceite de palma;*
- *tomillo, nuez moscada y sal.*

Las judías blancas (forma de riñón) tienen una hermosa consistencia, ideal para patés. Se ponen a remojar las alubias en tres partes de agua fría junto al laurel y las cabezas enteras. Se deja a fuego medio añadiendo agua fría si es preciso y cuando estén tiernas se trituran bien. En una cazuela se rehoga la cebolla rallada en una parte de la mantequilla o aceite de palma, añadiendo al poco tiempo los champiñones muy bien picados, la sal y el tomillo. Cuando el líquido desprendido por las setas se haya evaporado se retira el conjunto del fuego y se mezcla en caliente con la crema de judías, el resto de la mantequilla derretida la baño María, nuez moscada y algo más de sal (si es preciso). Se mezcla bien y se deja en el frigorífico hasta que quede bien cuajado.

Si se quiere pueden añadirse unos guisantes tiernos cocidos que serán una nota de color muy bonita en medio del rosado de las judías.

Crema de «sobrasada»

Se cuecen tres patatas, preferentemente al vapor y con su piel para que no tomen demasiada agua. Se asan 2 ó 3 dientes de ajo, se derriten 100 g. de mantequilla vegetal, se trituran 2 ó 3 clavos y se pasa todo por un pasapurés (la patata sin piel). Se añade a la crema especias de sobrasada en la cantidad deseada según gusto (pimentón, orégano, etc.). Se amasa todo bien. No precisa sal. Se conserva en frigorífico de 9 a 10 días.

Crema de aguacate

Ingredientes:
- *tomate duro crudo;*
- *1 aguacate;*
- *limón y sal;*
- *lechuga;*
- *cebolla al gusto.*

Se tritura el tomate pelado con el aguacate, la sal y el limón. Se extiende la crema en el pan tostado y se trocea la lechuga por encima.

Paté de garbanzos

Ingredientes:
- *125 g. de garbanzos;*
- *200 g. de pulpa de aguacate;*
- *10-15 g. de mojardones;*
- *un trozo de alga kombú;*
- *el zumo de medio limón;*
- *25 g. de sésamo tostado y molido;*
- *una pizca de sal y pimienta.*

Se cuecen los garbanzos (previamente remojados) con la alga kombu. Cuando estén tiernos se trituran bien con molinillo o picadora. Se machaca la pulpa del aguacate en un mortero con el zumo de limón.
Molemos los granos de sésamo previamente tostados con fuego lento, se incorporan al aguacate la pasta de garbanzos, el sésamo y los mojardones previamente remojados. Salpimentados al gusto y mezclados bien todos los ingredientes hasta que el paté esté uniforme. Se incluyen los huesos enteros del aguacate y se deja enfriar.

Crema verde

Ingredientes:
- *750 g. de espinacas o acelgas;*
- *2 cucharadas soperas de crema de cacahuetes;*
- *80 g. de queso sabroso rallado;*
- *tomillo y sal.*

Se cuecen las espinacas al vapor y se escurren muy bien. Se prepara una pasta con ellas a la que se le añaden la crema de cacahuete, el queso rallado y una pizca de tomillo bien molido. Se mezcla bien y se guarda. Unas gotas de zumo de limón pueden dar una nota de frescor a la crema.
Resulta ideal para llevar de excursión. Es muy rico sobre rebanadas de pan tostado acompañado de queso fresco.

Tortilla de calabacín

Ingredientes:
- *calabacín;*
- *patatas;*
- *cebolla (este último ingrediente al gusto);*
- *huevo.*

Se fríen el calabacín, las patatas y la cebolla. Una vez fritos se mezclan con el huevo batido y se forma la tortilla.

Tortilla de guisantes o de habas tiernas

Ingredientes:
- *guisantes tiernos o habas;*
- *huevo.*

En una sartén se introducen los guisantes o las habas con un poco de aceite y agua hasta que esté cubierta la verdura. Se deja que se consuma el agua para mezclarla con el huevo y formar la tortilla.

Paté de alcachofas

Se elabora de la misma forma que el de champiñón, pero sustituyendo éstos por corazones de alcachofa. En lugar de pan con leche puede emplearse requesón.

De huevo duro con tomate frito

Ingredientes:
- *huevo cocido;*
- *salsa de tomate;*
- *un poco de mahonesa.*

Se chafa la yema de huevo con el tomate hasta hacer una crema. Esta crema se extiende por el pan y el resto del huevo se trocea repartiéndolo regularmente por el pan. Se pondrá mahonesa al gusto y unas hojas de lechuga troceada.

Sandwich vegetal

Se introduce en un sandwich tomate a rodajas, lechuga troceada, huevo duro en rodajas y mahonesa.

Paté de requesón

Ingredientes:
- *250 g. de requesón;*
- *2 cucharadas de crema de almendras;*

— el puré de dos dientes de ajo;
— apio, perejil y albahaca frescos;
— una pizca de sal.

Con la ayuda de una espátula se forma una pasta homogénea de requesón y crema de almendras. Se incorporan el puré de ajos, las hierbas frescas picadas y la sal. Se deja en el frigorífico durantes unas horas hasta que los sabores se entremezclen.

* * *

Las recetas anteriores son algunas de las formas básicas de elaborar los patés. Podéis seguirlas tal como viene indicado o serviros de ellas como modelos orientativos, sustituyendo unas bases por otras, cambiando las grasas, las especies y los condimentos.

Tomándolas como guía y ayudándoos de la primera parte de esta obra tenéis la posibilidad de elaborar los patés a vuestro gusto, así como experimentar con las características, colores y aromas de los alimentos.

Paté de calabaza

Ingredientes:
— 250 g. de calabaza dulce;
— 75 g. de pan seco;
— 3 huevos;
— 25 g. de almendra troceada;
— 1 cabeza de ajos;
— 4 cucharadas soperas de aceite de oliva;
— perejil o apio frescos;
— orégano, canela y sal.

Se asa la calabaza al horno y se tritura bien con un tenedor. En un cuenco hondo se remoja el pan durante unas horas, luego se escurre bien apretando con las manos y se desmigaja hasta que parezca serrín.

En una cazuela se sofríen en aceite de oliva los ajos picados finamente, se añade luego el orégano y por último el pan. Se remueve bien, dejarse cocer durante unos minutos y se retira del fuego.
En un cuenco grande se baten los huevos y se mezclan con el pan rehogado una vez frío. Se incorpora por último la calabaza, las almendras tostadas, la sal y la canela molida. Se cuece al baño María durante unos 45 minutos en un molde tapado (tipo caja o cubriendo con papel de aluminio).

Paté de tofu

Ingredientes:
— 125 g. de tofu casero (cortado con zumo de limón;
— 125 g. de berenjena asada o cogollos de alcachofa cocida;
— 50 g. de olivas negras;
— 1 cucharada de aceite de oliva;
— hinojo fresco picado;
— sal;
— tomillo;
— jengibre en polvo.

Se reducen a pasta las berenjenas asadas y las olivas, mezclándolas a fondo con el tofu, el aceite, la sal, el tomillo (bien molido), el jengibre y el hinojo finamente picado. Se disponen en tarrinas y se guardan en el frigorífico.

BIBLIOGRAFÍA

— Dr. Águila-Galbes, *La madre y el niño*, Ed. Safeliz.
— Dr. E. Alfonso, *La salud de los niños por la higiene natural*, Ed. Orión.
— Dr. E. Alfonso, *Curso de Medicina Natural en 40 lecciones*, Ed. Kier.
— Dr. Barnett, *Pediatría* (tomo I), Ed. Labor.
— Dr. Bircher Benner, *Nuevo libro de cocina dietética*, Ed. Rialp.
— José Castro, *La nutrición moderna* (distribución: c/. Peris Mencheta, 18. Barcelona 08032).
— J. Castro, *Tratado completo de trofoterapia moderna y algo más*.
— Dr. H. Cruz Hernández, *Pediatría* (tomo I y II), Universidad de Barcelona, 1980.
— H. Dietrich Cremer y otros, *Guía de la Composición de los Alimentos*, Integral, Barcelona.
— Dr. L.C. Junqueira y J. Carneiro, *Histología básica*, Ed. Salvat, 1986.
— R. Fontaine, *Cocina Macrobiótica*, Ed. R. Majos.
— J. González Merlo, J.R. del Sol, *Obstetricia* (2.ª ed.), Ed. Salvat, Barcelona, 1985.
— *Curso práctico de cocina ovo-lacto-vegetariana*, editado por la Gran Fraternidad Universal de Granada (c/. Profesor Alvareda, 11. Granada).
— *Fundamentos de nutrición*, Escuela de Yoga de la GFU de Murcia (c/. Turroneros, 6. Murcia).
— E. Integral, *El libro de la Cocina Natural*, Integral, Barcelona.
— B. Lauro Coste, *El naturismo al servicio de los niños*, Librería Sintes, Barcelona, 1937.
— Dr. Manuel Lezaeta, *Medicina natural al alcance de todos*, Ed. Cedel, Barcelona.
— F. Moore Lappé, *La Dieta Ecológica*, Integral, Barcelona.
— Dr. Nelson, *Tratado de Pediatría*, Ed. Salvat, 1980.
— G. y S. Null, *El libro de la alimentación*, Ed. Lidium.
— Dr. Joaquín Peleteiro, *Alimentación y salud*, Integral, Barcelona.
— Roberto Remartínez, *Vitalidad y alimentación racional*, Editorial Cymys, Barcelona, 1969.
— Dr. R. Remartínez, *Lo que debe conocer toda madre*, Ed. Sintes, Valencia, 1948.
— Vic Sussman, *La alternativa vegetariana*, Integral, Barcelona.
— B. y P. Theiss, *Plantas medicinales en casa*, Integral, Barcelona.
— Dr. Vander, *Maternidad*, Ed. Vander.
— Dr. Vander, *Niños sanos y fuertes*, Ed. y Librería Sintes, Barcelona, 1979.
— *La miel, el polen y la jalea real*, Ed. Cedel.
— *Diccionario de los alimentos*, Ediciones Cedel.
— P. Walker, *El masaje de los niños*, Integral, Barcelona.
— P. y F. Walker, *Padres felices, niños felices*, Integral, Barcelona.

La revista *Integral* ha publicado artículos sobre todos los alimentos descritos en este libro. Para más información solicite la relación de artículos a: Integral. Paseo Maragall, 371. 08032 Barcelona.

Sobre alimentación natural infantil puede consultarse los números 4, 7, 10, 19, 32, 37, 82 y 93 de *Integral*, y sobre semillas germinadas, la revista *Cuerpomente*, número 6.